地域デザイン技法

地域デザイン科学シリーズ

2

地域を「読み・解く」55のアプローチ

地域デザイン科学研究会 編

北樹出版

巻 頭 言

～地域デザインを志す人へ～

　先日行われた宇都宮大学地域デザイン科学部の総合型選抜試験において、受験する高校生の、それぞれが属する地域への思いを聞く機会があった。皆、それぞれの地域が抱える問題点を認識し、問題の解決と共により良い未来を築き上げるための意欲を語り、そのための人材となるべく当学部で学びたいとの意思を示された。衰退していく地域経済や深刻化する自然災害などを目の当たりにした若い世代が、自らの将来を問題解決に向けた地域のデザインに投じようとする姿に感銘を受けると同時に、彼らを彼らが思い描く人材へと育成すること、成長する過程を共にすることの責任の重さに身が引き締まる思いがした。

　本書は、そのようなまちづくりの担い手に必須となる基礎的素養を提示する、地域デザイン科学シリーズの第2巻となる。地域をデザインするという行為は地域の最適化を図るということでもあるが、そのフェーズは実に様々であり、最適化には種々の要素を多元的に組み合わせる必要がある。地域デザインにかかわる分野は多岐にわたり、かつ専門が細分化されているため、それらの体系化が求められている。地域デザイン科学シリーズはそのような求めに応じるものであり、2020年3月に第1巻『地域デザイン思考　地域と向き合う82のテーマ』が刊行された。続編である本書においては、地域をデザインするにあたり地域の抱える課題を正確に分析して理解するための様々な手法を提供した。分野を超えて共通する基礎的手法から、各分野における応用的な手法、またそれらを活用して得た知見の地域への還元についても、事例を交えながら紹介されている。これから地域デザインを学ぶ人にとっての基本テキストとなることはもちろん、現在地域で活躍されている人々に対しても、新たな視点・手法を提供できるだろう。

　本書が、自ら地域をデザインしようとする人、またこれから地域をデザインする人たちにデザイン方法を教えていく人にとって、一助となることを願うものである。

宇都宮大学地域デザイン科学部学部長

藤原　浩巳

目　次

PARTIII　実践してみよう——テーマから捉える「読み・解く」技法

PartIV　地域に還す

Chapter 1　地域との共創における大学の役割（学長インタビュー）

Chapter 2　地域との共創における地域デザインの役割（教員懇談会）

PART

I

地域を「読み・解く」リテラシー

Chapter 1

現代のリテラシーとしての地域デザイン

keywords　リテラシー　地域　地域デザイン　「読み・解く」

1　時代とともにリテラシーは変化する

　私たち一人ひとりが社会の一員として生きていく上で、必要とされる知識や技能は、時代と共に変化している。それは、狩猟採集の時代であれば、槍や土器といった道具づくりに必要な材料がある場所の知識や作り方だったかもしれないし、戦国あるいは江戸の時代であれば、剣術や読み書きだったかもしれない。インターネットが普及した現代においては、知識や技能を得るだけでなく、膨大な情報のなかから必要な情報を選び取る力や、正しい情報かどうかを見極める力、情報を使いこなせる力が必要になってきている。目的に沿って手段や方法を適切に選び取り、それらを活用できる知識や技能は、リテラシーといわれるが、リテラシーが必要とされるのは、何もこうした情報に関することだけではない。環境リテラシーや金融リテラシーといった言葉に象徴されるように、特定の分野ごとに必要とされるリテラシーは異なり、多様化する現代のなかで、必要とされるリテラシーの領域は広がり続けている。

2　地域デザインの時代のリテラシー

　私たちの暮らす地域はいま、自然災害や新型コロナウイルス感染症によって、その姿を大きく変えている。安全・安心と思われていた私たちの暮らしを支えていた建物や社会基盤の脆弱性が明らかになり、当たり前と思われていた顔を突き合わせた働き方やコミュニケーションは新しい生活様式のなかで変容しつつある。そして、人口の減少、産業の衰退、インフラの老朽化、空き家問題など他の多くの課題を抱えるなかで、地域では、新しい姿が模索され実践されている。私たちはいま、デザインされている地域のなかで生きているのである。しかしながら、私たちは未だ、地域をデザインするリテラシーに長けていないように思える。近年の自然災害や新型コロナウイルス感染症による危機的な状況に晒される

まで、自身の暮らす地域の建物、社会基盤、コミュニティがどのようなデザインの上に成り立っているかを知らなかった人も多いはずだ。

そこで本書では、地域の新しい姿が模索されている現代において、私たちの暮らす地域を自らの手でより良いものへデザインするためのリテラシーとして、地域を「読み・解く」力を提案したい。

3　地域を「読み・解く」

ここで、地域デザインという行為について整理しておこう。まず、地域とは、本書地域デザイン科学シリーズの第1巻として出版されている『地域デザイン思考』でも述べているように、"他から区別される地表の上の空間的なまとまり"を指し、対象とする問題に応じて、都市部や農村部、市町村や国、生活圏や経済圏など任意に設定されるものである。その地域の地表の上では、暮らし、営み、自然、建築、産業、インフラが織りなす複雑な現象が展開している。地域デザインとは、こうした地域の新しい姿を描き出し、実践することである。それは、地域に住まう人々やその暮らし、住居やそれを支えるインフラストラクチャー、豊かな自然環境やそこで採れる産物といった、地域を構成する様々な要素、言い換えれば、地域資源と向き合うところから始まるものである。そして、例えば、地域の建築を構成する材料を取り上げ、それ自体の環境性能や耐震性能を向上させるといった地域資源のひとつの価値を向上させる行為や、地域に新しい交通を計画し、新たな人と人との関係を創り出すといった、複数の地域資源を関係付けて新たな価値を創出する行為などを指す。

こうした地域デザインという行為を実践する際に、私たちは的確な行動を起こせるだろうか。例えば、地域のお祭りの担い手が確保できない、地域の空き家が活用されずに老朽化してきている、ひとり暮らしの高齢者が買い物へ行く交通手段がないなどといった、様々な地域資源が複雑にかかわりひとりでは解決できない問題を前に、地域のなかで何からどう始めてよいのかわからなくなることも多い。地域デザインという行為を実践するためには、まずはその方法やプロセスに関する知識や技術を身に付ける必要があるだろう。さらに、もし地域デザインの新たな実践を始めるのであれば、まず、地域を構成する地域資源の問題点や可能性を見つけ、その内容や解決・活用方法を共有し、それを実行して新たな地域資

源を創造するといった、課題の発見から解決までの一連のプロセスを、目的に応じて使いこなせる知識や技術が必要となる。本書では、地域の課題を解決することを前提とした調査や研究に関する知識や技術を、地域を「読み・解く」技法として紹介する。

Chapter 2

地域を「読み・解く」技法

keywords 「対話」「可視化」 基礎的な技法 実践

1 実践と基礎

前述したように、地域を「読み・解く」技法の特徴は、特定の地域に寄り添い、具体的な地域資源と向き合うことから地域に固有の課題を発見し、解決する実践的なプロセスを基盤とすることにある。ゆえに、地域を「読み・解く」技法は、それぞれの地域の課題に応じた固有のものである。しかしながら、それぞれの技法が個別事例に留まっていては、知識や技術として身に付け、実践することは難しいだろう。そこで本書では、地域を「読み・解く」技法を体系的に捉えて、地域デザインのためのリテラシーの全体像として示すことで、これからの地域での実践へつなげていくことを目指しており、ここに本書のオリジナリティがある。

地域のなかで課題の発見から解決までを実践することを考えたとき、これまでの学問体系が築き上げてきた専門的な調査・研究技術が重要であることはいうまでもない。しかし、地域の課題に取り組む際には、それだけでは答えの出ないことも多い。例えば、地域にLRT（次世代型路面電車システム）などの新たな交通を計画するとしよう。その際には、地域において、現状の交通需要の調査や土地利用状況、将来の土地利用など広範な分野の調査や研究の技法を組み合わせて取り組む必要がある。地域の課題は、地域を構成する様々な地域資源が複雑に絡み合ったなかに存在しているため、地域を「読み・解く」実践においても、必然的に異なる分野の多様な調査や研究の技法を組み合わせて、多角的な観点から検討する技術が必要になる。

一方、地域を「読み・解く」実践で用いられる個々の調査や研究の技法のなか

には、共通するものも少なくない。例えば、防災意識に関するアンケート調査や公共空間の人間の行動に関する追跡調査といった一見異なる「読み・解く」実践においても、得られたデータのなかの要素の関連性について分析する際には、統計的な手法が用いられる。また、まちづくりの合意形成のための実践や建物・地域の類似事例調査などにおいても、収集した漠然としたデータに対して、意味のある全体像を見出すためには、KJ法や調査票調査がよく用いられる。こうした、様々な実践的な調査・研究に共通して通底する技法も、地域を「読み・解く」際の基礎的なリテラシーとして重要である。

　このように、地域を「読み・解く」技法は、基礎的な調査や研究の技法の上に、実践的な技法が成り立っており、双方を身に付けることが重要になる。

2　「対話」と「可視化」

　ただし、基礎的・実践的な調査や研究の技法を身に付けたとしても、それらを地域デザインの実践の場で使えなければ意味がない。地域の課題を発見し、実際に解決しようとする場で、これらの調査、研究の技法を使いこなすためには、「対話」と「可視化」の姿勢が重要になる。

　まず、「対話」である。本書が示す「対話」とは、向かい合って話をすることだけを意味しない。地域デザインのなかでの「対話」とは、地域の人々や様々な専門家が集まり対等に議論ができる機会を生み出すこと、その場にいる参加者が安心して参加できる状態を創ること、個人対個人、組織対組織間で、双方が変化を許容できるような関係づくりを実践者としてリードすることを指す。つまり、地域を「読み・解く」技法を実際に使いこなすためには、「話せばわかる」という次元の先に、意識的・意図的に、場を創出し、関係構築を促し、社会のなかで効率的に機能する「対話」を生み出すことが大切になる。

　次に、「可視化」である。一般的な調査、研究においても、統計資料を円グラフや棒グラフなどの可視化した資料とし、結果を報告書にまとめるといったことはなされてきた。しかしながら、ここで強調したいものは、それらに加え、より多様な人々が理解しやすく、その先のビジョンをすり合わせていくために必要な「対話」の場における「可視化」である。話し合いの内容を図や文字で記録するグラフィックレコーディング、地図上に様々な情報を重ね合わせる GIS、言葉と

言葉のつながりを文字の大きさや線でつないだりするテキストマイニングといった技法は、より多くの人々に短時間で理解を促すには有効な手段だろう。調査結果を報告書にまとめるだけでなく、漫画にしたり、イラストや図表などを取り入れることで、それまで関心がなかった人の目にも触れるように工夫することも重要だ。さらに、実践する活動の過程を写真や文字と共に SNS 等を用いて公開していくことなども可視化の技法のひとつである。

このような「可視化」の作業は、「対話」を進めていく上で、対をなす関係にあり、対話と可視化を繰り返しながら議論や関係性が成熟していく。これは、専門的な研究、調査の技法を、地域デザインの実践の場で使いこなすために必要な基礎的姿勢ともいうべきものである。

3　基礎的な技法を知る

こうした多岐にわたる地域を「読み・解く」技法の枠組みを捉えるために、図1を作成した。図1を用いながら、本書の構成について紹介しよう。

まず、PART I に続く「PART II　基礎的な技法を学んでみよう」では、地域を「読み・解く」基礎的な技法について述べている。ここでははじめに、地域デザインに特徴的な基礎として、地域の情報を地図上で表示して地域の現状や課題を可視化する空間分析、地域の課題や解決策を対話から集めるワークショップについて知る。これら2つの技法は、「対話」と「可視化」といった地域デザインの姿勢と深く関連しているものである。次に、地域デザインに限らず一般的に知っておくべき基礎として、アンケートなどから比較的多数のデータを集めて、地域の状況を量的な数値として把握する統計的調査・量的調査、比較的少人数へのインタビューや参与観察などを通して、地域の状況の質的な構造を記述する質的調査について知る。

4　実践から学ぶ

次に、「PART III　実践してみよう――テーマから捉える「読み・解く」技法」では、図1の上段右側に示している、地域のなかでの実践的な技法について学ぶ。ここには、様々な専門分野の研究や調査に関する実践的な技法が含まれる。これら技法を専門分野ごとでなく、地域デザインのプロセスをベースとして

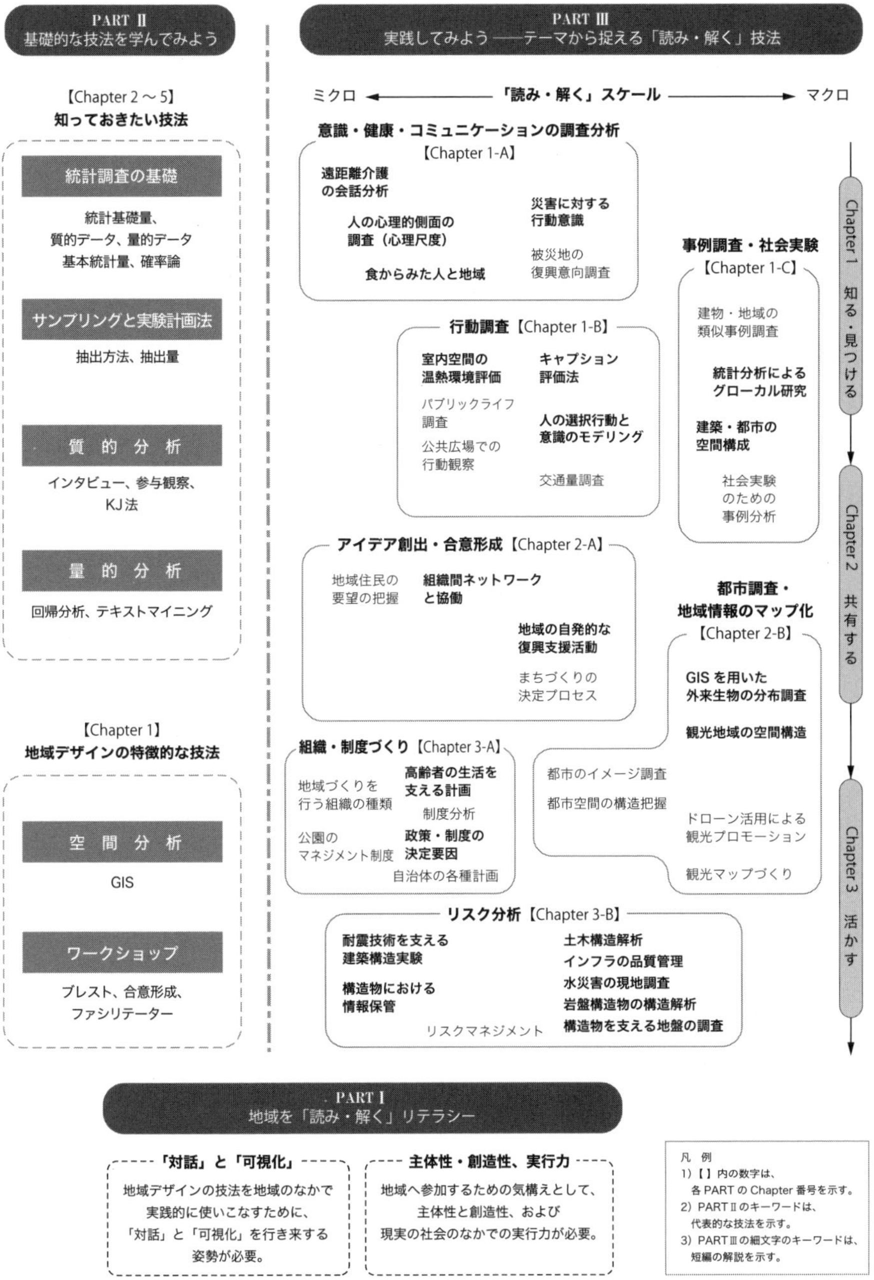
PART Ⅱ
基礎的な技法を学んでみよう
【Chapter 2 ～ 5】
知っておきたい技法
統計調査の基礎
統計基礎量、
質的データ、量的データ
基本統計量、確率論
サンプリングと実験計画法
抽出方法、抽出量
質 的 分 析
インタビュー、参与観察、
KJ 法
量 的 分 析
回帰分析、テキストマイニング
【Chapter 1】
地域デザインの特徴的な技法
空 間 分 析
GIS
ワークショップ
ブレスト、合意形成、
ファシリテーター
PART Ⅲ
実践してみよう――テーマから捉える「読み・解く」技法
ミクロ
「読み・解く」スケール
マクロ
意識・健康・コミュニケーションの調査分析
【Chapter 1-A】
遠距離介護
の会話分析
災害に対する
行動意識
人の心理的側面の
調査（心理尺度）
被災地の
復興意向調査
食からみた人と地域
事例調査・社会実験
【Chapter 1-C】
建物・地域の
類似事例調査
統計分析による
グローカル研究
建築・都市の
空間構成
社会実験
のための
事例分析
行動調査【Chapter 1-B】
室内空間の
温熱環境評価
キャプション
評価法
パブリックライフ
調査
人の選択行動と
意識のモデリング
公共広場での
行動観察
交通量調査
アイデア創出・合意形成【Chapter 2-A】
地域住民の
要望の把握
組織間ネットワーク
と協働
地域の自発的な
復興支援活動
まちづくりの
決定プロセス
都市調査・
地域情報のマップ化
【Chapter 2-B】
GIS を用いた
外来生物の分布調査
観光地域の空間構造
都市のイメージ調査
都市空間の構造把握
ドローン活用による
観光プロモーション
観光マップづくり
組織・制度づくり【Chapter 3-A】
地域づくりを
行う組織の種類
高齢者の生活を
支える計画
制度分析
公園の
マネジメント制度
政策・制度の
決定要因
自治体の各種計画
リスク分析【Chapter 3-B】
耐震技術を支える
建築構造実験
土木構造解析
インフラの品質管理
構造物における
情報保管
水災害の現地調査
岩盤構造物の構造解析
リスクマネジメント
構造物を支える地盤の調査
Chapter 1 知る・見つける
Chapter 2 共有する
Chapter 3 活かす
「読み・解く」流れ
PART Ⅰ
地域を「読み・解く」リテラシー
「対話」と「可視化」
地域デザインの技法を地域のなかで
実践的に使いこなすために、
「対話」と「可視化」を行き来する
姿勢が必要。
主体性・創造性、実行力
地域へ参加するための気構えとして、
主体性と創造性、および
現実の社会のなかでの実行力が必要。
凡 例
1）【 】内の数字は、
各 PART の Chapter 番号を示す。
2）PART Ⅱ のキーワードは、
代表的な技法を示す。
3）PART Ⅲ の細文字のキーワードは、
短編の解説を示す。

図１　地域を「読み・解く」技法の枠組み

縦軸にとり整理した。

　まず、地域資源を「知り」、地域の価値や課題を「見つける」段階では、現代の地域デザインの主要なテーマである災害、食、介護等を題材として、心理学的な観点から調査法やその活用法について学ぶ。さらに、広場や道路といった公共空間に注目するなどして、行動調査の方法について学ぶ。そして、地域の価値や課題を見つけるための類似事例の比較研究や社会実験の方法について知る（PART III Chapter 1）。

　次に、多様なアクターが地域課題の内容や解決方法について納得し合い、共に行動していくために「共有する」段階においては、まちづくりや政策決定の場を題材として合意形成の方法を学び、都市空間の課題や特徴を可視化するための地図を作成する方法を学ぶ（PART III Chapter 2）。

　そして、現実の地域のなかで実行して「活かす」段階においては、私たちを取り巻く制度や組織をつくるための方法について学ぶとともに、技術者の視点から建設の材料や社会基盤の構造物の品質管理などについて、調査・分析の技法を学ぶ（PART III Chapter 3）。

5　「読み・解く」姿勢を身に付ける

　そして、こうした技法を使いこなすために必要な姿勢を、図1（前頁）の下段にまとめている。先に述べた通り、地域の課題を発見し、実際に解決しようとする場では、多様な主体が対等に議論できる場を創出し関係構築を促す「対話」と、その場で調査結果や提案内容を共有する「可視化」を行き来する姿勢が必要となる。このとき、「PART II」で解説する、地域デザインに特徴的な技法としての空間分析やワークショップが大きな武器になるであろう。

　これに加えて、「対話」と「可視化」による地域デザインの場に参加する私たちにとって、自らが社会的課題について取り組む「自分事にする力（主体性）」、多種多様な課題に対する新たなアイデアを「生み出す力（創造性）」、および主体性と創造性をもって「現実の社会のなかで実行する力（実行力）」といったマインドともいうべき気構えが求められる。これらは、身に付けた知識と技術を、社会のなかで目的をもって批判的に運用させるのと同時に、地域社会を構成する一市民としての資質を育む意義を持ち合わせている重要なものである。上述した

ワークショップは、これらのマインドを高めるためにも重要な手法のひとつである。ワークショップは、「住民の主体性を育む道具である。」ともいわれ（木下2007）、地域デザインへ参加する人の主体性や創造性を高め、実行力を育てるものである。

Chapter 3

地域を「読み・解く」ステップ

🔑 keywords RSVP サイクル 「読み・解く」ステップ 省察（reflection） CBL 実践型教育プログラム

1 RSVP サイクルを参照した「読み・解く」プロセス

では、地域の課題を発見し、実際に解決しようとするためには、具体的にどのように進めたらよいだろうか。ここでは、1960年代後半に米国でローレンス・ハルプリンが提唱した、集団で創造性を高めて諸問題を解決しようとするメソッドの「RSVP サイクル」に着目したい（Lawrence Halprin 1970、および木下 2007）。RSVP サイクルとは、誰もがもっている（主観的・客観的）資源（Resources）を基礎に、活動の見取り図となるスコア・総譜（Scores）を考え、それを実行（Performance）し、評価（Valuaction；評価と行為を掛け合わせた造語）を行う一連の活動である。この一連の活動は次の活動の資源（R）となり、次の SVP へと連鎖することでより深く諸問題にアプローチすることができ、解決へと導こうとする概念である。

他方で、近年においては、学習者と地域社会とが相互的な関係を作りながら課題解決に取り組んでいく学習活動として、「コミュニティ・ベースド・ラーニング（Community-Based Learning :CBL）」が着目されている。CBL における地域社会へ参画する過程を通して得られる身体的・感覚的な経験は、学習者の省察（reflection）を通じて地域社会に対する深い理解を促すとともに、様々な状況への適応力（佐藤 2017）を高め、次の取り組みを計画する力や実行に移す実行力を育むことにつながる。

以下では、ハルプリンの「RSVP サイクル」や CBL の概念を基礎として、地域を「読み・解く」ステップに応用し、新たな地域デザインのリテラシーを例示

したい。

　まず、地域を「読み・解く」ステップは大きく 3 つに分けられる。①私たちの暮らしを構成する要素への理解を深める「知る」段階、②それらの要素の関係性を整理することにより新たな事実や課題を「見つける」段階、③より良い地域へ再構築していくための意識や行動を関係者で「共有する」段階である。これらに加えて、読み・解いた事柄に基づいて現実社会を構築していく「活かす」段階がある。

　各ステップで求められるのは、ステップごとに学びを深める仕組みである。そこで本稿では、諸問題に深くアプローチできる RSVP サイクルを改めて参照する。資源（resources）では、地域資源の事前学習と捉えることができ、スコア・総譜（scores）から実行（performance）に至る過程では、人と話し合い、実践していく過程とすることができる。そして、評価（valuaction）は、事後学習と発表・振り返りによって次につながる新しい資源を見つけることということができる。このように RSVP の一連の流れを、CBL の場における学習のサイクルに置き換え、「事前学習→実践（実習）→事後学習→発表・振り返り」の流れで再構築している（図 2）。各ステップにおいて、このサイクルを回していく。

　ここで重要なのは、「事後学習」と「発表・振り返り」の要素であり、CBL でいわれる「省察（reflection）」の要素である。あらゆる経験が学習者の学びにつな

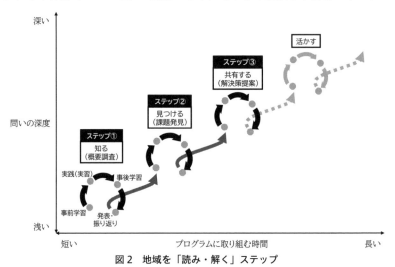

図 2　地域を「読み・解く」ステップ

がるわけではなく、学習者が発表・振り返りを通して意識的に学びに変容させることで、より深い理解を促し、次の取り組みにつなげることが可能となる（佐藤 2017）。

2　地域を「読み・解く」実践型教育プログラムの一例

実際に、こうした地域を「読み・解く」プロセスを地域で実践した具体的な事例として、宇都宮大学地域デザイン科学部の教育プログラムである、地域プロジェクト演習を紹介する。これから地域デザインを学ぼうとする学生はもちろん、地域住民や事業者の人にもわかりやすく時間軸で整理していく。

まず、地域プロジェクト演習では、自治体や地縁団体、NPO などの地域パートナーから学生と共に解決を図りたい課題が提示され、学生たちは解決策の提案を目指して約 1 年間かけて取り組む。学部で人文、建築、土木の分野を専攻する 3 学科の学生たちが 4 人〜 6 人のグループに分かれて、地域の関係者と合意形成を図りながら課題解決に向けて調査分析や実践活動を行う。

地域プロジェクト演習における課題解決のプロセスでは、図 2 の地域を「読み・解く」ステップを参照し、学びを深めながら諸問題にアプローチできるよう工夫している。年間を 3 つの段階に分け、私たちの暮らしを構成する要素への理解を深める「知る（概要調査）」段階、それらの要素の関係性を整理することにより新たな事実や課題を「見つける（課題発見）」段階、より良い地域へ再構築していくための意識や行動を関係者で「共有する（解決策提案）」段階としている。なお、「活かす」段階については、現実社会で実装していくための、制度設計や技術的な品質管理といった個別の専門性が必要となるステップであり、地域プロジェクト演習においては 3 つ目の段階までを主に学んでいる（PART III Chapter 2、3 を参照）。

ここでは、地域プロジェクト演習における学生の取り組みを例に、具体的なプロセスについてみていく。

（1）ステップ 1 「知る」──構成する要素への理解を深める

学生たちは、各ステップで、図 2 の「知る（概要調査）」のプロセスに基づいて、「事前学習、実践（実習）、事後学習、発表・振り返り」のサイクルで演習を進めていく。ステップ 1 の「知る」段階では、課題に対するデータ収集や現地観

察・調査を通じて、次のステップの「見つける（課題発見）」につながる調査のための仮説を立てたり、実践的活動の準備を行う。また、サイクルの最後の発表・振り返りを通じて、他グループの学生や教員、地域の関係者からの多様な意見や助言を享受することで、学生自身の対象とする地域に対する深い理解を促し、次の取り組みにつなげることができる。

　この段階では、自分たちが捉えようとする課題が、どのように社会の文脈のなかに位置付けられるのか、俯瞰した視点から眺めてみることから始めることが必要である。学生たちはとにかく興味関心にしたがって色々なことを調べる。この時点で調べたことが後々思わぬ気づきを生んでくれることもある。

　ステップ１は、社会調査においては、プレ調査や事前調査と呼ばれる段階でもある。ここでいう「知る」とは、課題に直結する事柄だけではなく、その周辺や背景にある状態に意識を向けて調べていくことで、思い込みや偏見を排し、地域そのものの特性を捉えることである。この時点から、可能な限り自分とは興味関心や分野、属性が異なる人を巻き込んで行うと、自分にはない発想と視点で地域を読み込むことができる。また、地形や人口、行政区、政策、自治会等の取り組みなどについては、対象とするエリアだけを見るのではなく、全国や県単位など、そのエリアが全体のなかでどのような位置にあるのかを確認するとよい。

　具体的な演習テーマの例を挙げてみよう。「学生が多く住む地区にあるごみステーションが荒れている」という課題に対して、まず、あなたは何を調べ始めるだろうか（写真１）。例えば、ごみステーションの利用区域、区域内の人口・世帯構成・収入、ごみ収集車の収集ルート等が挙げられる（本章末 Column1-4 参照）。そして、学生のごみステーションに対する知識や意識を測るアンケートへと展開

写真１　ごみステーションの調査

していく着想はありがちだろう。地域プロジェクト演習では人文、建築、土木を専攻する学生が共に取り組むわけだが、過去に、当課題に取り組んだ建築を専門とする学生は「道路の幅員とごみステーションの状態には関連性があるのではないか」と言及したことがある。学生の観察では、大通りに面し

たごみステーションはきれいで、路地に面したごみステーションは荒れているという。この仮説が正しいかどうかはこの時点ではわからない。しかし、調べたことと、自らの足で歩き、観察したことによって生まれた着想であり、空間的に課題を捉えようとした観点は、多くの可能性を示している。もし、大通り沿いと路地とでごみステーションの状態が違えば、それを改善するためのアプローチも、大通り沿いの世帯と路地周辺の世帯とでは変えて行う必要が出てくるかもしれないからだ。

（2）ステップ2「見つける」――要素の関係性を整理する

幅広い知識を得たら、次は「見つける（課題発見）」段階である。調査や社会実験を実施し、その結果としての知見を得るためには、調査方法や社会実験で得られる結果を想定しながら、つまり、いくつかの仮説を立てながら実行に移さなければならない。そのためには、「知る」段階で収集した多様な素材や要素を整理し、その関係性や因果関係などに着目しながら、調査や社会実験の計画を立てていく（本章末Column1-2参照）。調査や社会実験を行う前に、結果をある程度想定している状態が理想である。

例えば、バリアフリーをテーマにしたグループでは、車いすユーザーの学生を対象としたハード・ソフト面のバリアフリーの改善を目指して、大学構内や駅構内、通学ルートの状況について、実際に車いすを使って調査を行った（写真2）。「知る」段階で大学構内でのプレ調査を実施し、車いすでの移動がいかに困難であるかを実感した上で、大学キャンパス内外に調査対象を広げた詳細な調査を実施した。結果として、通学路や大学構内での車いすでの移動が困難な点を具体的に明らかにし、その改善策について提案している。また、メディアを使った市政

写真2　車いすで公共交通のバリアフリー調査　　写真3　高齢者を対象としたスマホ講座

の効果的な情報発信をテーマにしたグループでは、高齢者の電子媒体への利用促進を目指して、スマートフォンを使ったワークショップを実施し、高齢者の生の声を聴き、電子機器利用の困難さを肌で感じることでさらなる調査等へ展開した（写真3）。

（3）ステップ3「共有する」——より良い地域へ再構築を試みる

調査によって課題を取り巻く関係性や因果関係などが明らかにできたら、次は「共有する（解決策提案）」段階である。解決策を提案するということは、誰が何をどのように実行していくのか、調査によって導かれた課題の解決に向けて、実際にどのようにその計画が実行されていくのかを想定することである。可能な限り、利害関係者と整理された新たな事実を確認し、意見交換をすることで、より実行できる状態に近付けられることが理想的である（本章末 Column1-3 参照）。とはいえ、取り組もうとする課題の内容によっては、難しいものもあるだろう。

例えば、世代間交流の空き家を活用した地域の居場所づくりに関して、持続的な運営に関する課題や利用者を増やすという課題を解決するために、運営者や利用者、さらに利用してほしいその地域に暮らす子育て世代やひとり暮らしの高齢者など、共に取り組む利害関係者を絞り込んでいくことはそれほど難しくない。しかし、若者の投票率の向上という課題となれば、選挙を管理する自治体職員以外、誰と何をどのように共有していくのか対象者を明確にして実行することはなかなか難しいことだろう。

また、実際に利害関係者が明確な場合であっても、受け手の置かれた状況や心情に配慮を要する場合もある（本章末 Column1-1 参照）。浸水被害に遭った地域で、防災意識を高めてもらうことを課題に取り組んだ学生グループは、実際に浸水被害に遭われた住民感情にも配慮しなければならず、学生が見つけた事実をそのまま伝えることがはばかられるような状況もあった。

（4）ステップ1「知る」からステップ3「共有する」まで
——ステップの一連の流れをみる

最後に、「幼児を対象とした防災教育に関する取り組み」を対象にして、一連のフローをみてみよう。このグループでは、当初、消防局が課題として捉えていた幼児を対象とした防火教育の見直しに、消防局と共に取り組んでいたが、プレ調査として教材を使用する幼稚園や保育園で保育士からの聞き取りを行ったと

写真4　学生が製作した絵本

写真5　製作した絵本で読み聞かせ

ころ、特に見直しを必要としていないことがわかった。地域パートナーから提示
された課題に実態との齟齬がある場合もある（「知る」）。

　さらに聞き取りを進めていくと、家庭で火を使う機会が減っており、家庭にお
ける防火教育の力が落ちているという新たな問題を見つけることになった。そこ
で、家庭における火を扱う経験を補い、危険な状況に陥った際に取るべき行動を
織り込める教材の検討を始めた。保護者へ向けたアンケートから、家庭や保育施
設では絵本がよく読まれており、特に動物が使われたものが人気であることを明
らかにした。さらに、同年代を対象に制作された絵本を調べて物語の適切な長さ
を設定し、子どもが怖いと思う対象として火とお化けを組み合わせ、そこに物語
をつけていった（「見つける」）。

　物語をつくるにあたり、消防局が子どもたちに伝えたい非常時の行動や、保育
士たちが実際に子どもの対応にあたる際に必要となる行動を織り込み、双方の折
り合いをつけながら、物語として整理していった。途中、表現は難しくないかな
ど、同じ年齢の子どもをもつ大人に見てもらい、「難しすぎる」「お化けが怖すぎ
る」などの指摘を受け、何度も物語を書き直す必要があった（「共有する」）。最初
は漢字が多く、説明的な文章だったものが、徐々にひらがなが多用され、擬態語
やオノマトペを用いた物語へと変化していった。出来上がった絵本は、保育士た
ちの評判も良く、子どもたちからは怖いと言いながらも何度も読んでとせがまれ
る好評ぶりだった（写真4・5）。

3　地域の課題に取り組む際の罠

　実社会のなかで地域の課題を解こうとする過程では、課題や解決方法が具体的

になればなるほど、課題を解くことが目的化してしまう危険性も孕んでいる。地域を「読み・解く」ステップにおいて、常に忘れてならないのは、これからの地域社会のあり方を問うことであり、課題を解く手段が目的化していないか常に細心の注意を払う必要があるということである。言い換えれば、それは、まだ見ぬ地域社会へ生まれ変わるための核心的問いに迫る探求的な営みである。

　例えば、高齢者と地域のつながりという課題に対し、通りにベンチを設置する取り組みに挑んだとしよう。地域の課題に取り組んでいたはずが、知らず知らずのうちにベンチを作ることが目的化してしまうようなことがしばしば起こる。ベンチ制作が目的化してしまうと、デザインをどうしようか、材料や材料費をどうしようかということにばかり一生懸命になり、見栄えの良いデザインに時間をかけてみたり、企業からの協賛金を集めようと展開していくかもしれない。確かにそれも活気を帯びた取り組みとなり、ベンチを設置するということは達成される。しかし、本書が目指す地域を「読み・解く」ステップの重要性はさらにその先にある。それはつまり、ベンチを設置するという手段を通して、地域のあり方、ここでは高齢者を孤立させない地域づくりという課題を解くことにある。なぜベンチが必要なのだろうか、ベンチの形状には配慮が必要だろうか、設置する場所は適切だろうか、高齢者が外出しない／できない理由は何だろうか、もしかすると高齢者以外の住民の協力が必要なのかもしれないなど、多くの根本的な問いに突き当たることになるだろう。そうなったときにはじめて、目の前にある課題を捉え直すことができ、本質的な解決策に迫ることができるだろう。

Chapter **4**

持続可能な地域のデザインをめざして

🔑 keywords　持続可能性

　いま、私たちの身の回りを見渡してみると、地域の新しい姿を模索し、実践している場がたくさん生まれている。それぞれの場は、確かに地域の特性に沿って行われようとする取り組みだろう。しかしながら、それらが本当に地域に根差した課題の整理と解決になっているのか、地域を構成する多様なヒト・モノ・コトを的確に捉え、5 年後、10 年後を見据えた実践になっているのかを、常に点検し続ける必要がある。

　誰もが暮らしやすくより良い地域へ着実にデザインしていくためには、個別の経験の蓄積を基礎としながら、客観性をもって導き出される体系的な方法が必要である。そのひとつの体系化が、これまで述べてきた、地域を「読み・解く」技法とプロセスである。地域を構成する資源を調査、研究する技法を身に付けて、「対話」と「可視化」、課題の「発見」と「解決」を繰り返しながら、地域デザインの場を展開させていくことができれば、私たちの暮らす地域はより豊かな表情を見せてくれるだろう。

　地球上の資源が限られていることが明らかになり、人口減少・少子高齢化が進む現代において、こうした共通認識を抱いて新たに次の時代を生きようとする私たちは、否応なく地域の持続可能性と向き合わなければならない。本書は、地域を「読み・解く」技法とプロセスの先に、持続可能な地域のデザインの具体的な方法を見出すことを見据えている。

参考文献

木下勇（2007）『ワークショップ——住民主体のまちづくりへの方法論』学芸出版社

Lawrence Halprin（1970）*The Rsvp Cycles: Creative Processes in the Human Environment*, George Braziller.

佐藤智子（2017）「CBL（Community-Based Learning）の意義についての一考察——地域や社会で学ぶことはなぜ有効なのか」『東北大学高度教養・学生支援機構紀要第 3 号』

1-1　調査対象者への配慮・データの取り扱い

（1）調査対象者への配慮

　何かを調査する際には、みなさんが調査される側に立って考える必要がある。例えば、何かの調査票が家に送られてきたとして、あなたは何を思うだろうか。まず、どこから送られてきた調査票なのかに目を通し、封筒を開ける。多くの人はこの段階で、何のための調査なのか、依頼主は信用に値する団体や機関なのか、に着目するだろう。それから、調査票の内容と枚数（設問量）に目を通し、自分にとってメリットがあるか、負担度合いはどうか、個人情報はどこまで詳しく記入するのか、などを判断するはずである。調査対象者への配慮がなされていない調査票は、回答してもらえない可能性が高い。

　この「調査対象者への配慮」については、概要調査の段階で最も慎重にならなければいけない。よかれと思って行った調査や結果の公表が調査対象者に何かしらの不利益をもたらすようなことがあってはならない。一般社団法人社会調査協会の倫理規定には、「社会調査の実施にあたっては、調査対象者の協力があってはじめて社会調査が成立することを自覚し、調査対象者の立場を尊重しなければならない」としている。特に、以下の3点には気を付けておくべきである。

　　・調査への協力は自由意志によるもの（第3条）
　　・プライバシーの保護を最大限尊重し、不利益を被ることがないようにする（第5条）
　　・調査対象者を差別的に取り扱わない（第6条）

　まず、調査への協力は自由意志によるもので、調査への協力を求める際にはその点を正確に伝える必要がある。また、当然であるが、プライバシーの保護には十分に配慮し、調査に協力したことによって不利益を被ることがないようにしなければならない。何のための調査なのか、調査に回答することで得られるメリット・デメリットは何か、調査に回答したことで不利益が生じないか、調査結果がどのように公表されるのか、拒否できるのか、どこに問い合わせたらよいのか、など、調査協力者に十分理解してもらった上で調査を行う必要がある。回答者が調査について十分な説明を受け、調査のメリットとデメリットを理解した上で調査に同

意することを「インフォームド・コンセント」という。

　こうした調査対象者への配慮は、調査時の口頭による説明では不十分なことがあり、説明文（依頼文）を作成し同意を得る必要がある。説明文には、①冒頭のあいさつ、②調査者自身（団体・機関）の説明、③調査の目的や意義、④調査の概要、⑤調査のメリット・デメリット、⑥プライバシー保護について、⑦結果の公表方法、⑧途中段階での調査協力拒否の方法、⑨問い合わせ先、などを記載しておくとよい（図1）。

あなたを支える親しい人物に関する調査へのご協力のお願い

●●●大学●●●●●●●学部　●●　●●

1. はじめに
　みなさん、ますますご活躍のことと存じます。
　この調査を実施する研究グループでは、みなさんがお互いに支え合いながら地域に住み続けられる地域づくりを目標とした研究を行っております。特に、地域における人のつながりについて調査し、みなさんの支え合いの状況について研究しています。
　本調査では、あなたを支える周りの人物について教えていただけますと幸甚です。ぜひ、ご協力をお願いします。

2. 調査への参加について
1）本調査は、65歳以上の方全員が対象です。例えば、ご夫婦で65歳以上である場合は、お二人ともご回答をお願いいたします。
2）調査への参加は任意です。参加に同意しないことにより不利益な対応を受けません。また、調査票をご返送いただくことで同意したとみなされます。
3）参加に同意した後でも、いつでも文書による同意を撤回することができ、撤回により不利益な対応を受けることはありません。同意を撤回した場合、提供されたデータ等は廃棄いたします。必要に応じて、当該データを開示、保管場所の確認が可能です。

3. データの取り扱いについて
1）本調査では個々の人間のデータが必要であるため、個人情報の収集を行います。収集したデータは、氏名を符号化して、データ全体を匿名化して取り扱います。

2）収集したデータ等は、研究組織内のみにて共有し、本人の同意を得ることなく他者に渡すことはありません。
3）氏名とデータの符号との対応表、及び調査源票は、●●●大学●●●●学部の施錠可能なキャビネットにて厳重に保管します。
4）本調査の公表は、匿名化された統計データのみとし、個人が特定されることはありません。また地域が特定されぬよう処理を施します。匿名化された統計データを用いて、先進事例として各種学会等で発表させていただく場合もあります。
5）本調査にご協力いただくことで、謝礼をお支払いいたします。

4. 回答した調査票の返送について
　ご回答いただいた調査票は、他の調査票と一緒に、同封の返信用封筒に入れ、投函をお願いします。

5. 問い合わせ先
所　属：●●●大学●●●●●●●学部
調査担当：●●　●●　（●●●●●●●●）
住　所：〒●●●-●●●● ●●●●●市●●●-●●●●
メール：●●●●●@●●●●.jp
電　話：●●●-●●●-●●●●

ご協力頂ける方は、2枚目の調査票への回答をお願いします。

図1　依頼文の例

　上記に加えて、調査対象者を性別、年齢、人種、障がいの有無などによって差別的に取り扱わないことが重要で、調査項目に差別的表現が含まれないように注意する必要がある。また、調査にあたっては対象者を時間的に拘束してしまい、意識はしていなくても精神的な苦痛を与えてしまう可能性もある。調査の途中で、対象者からまだ質問が続くのかと言われたり、嫌悪感を示されたりすることもあり得る。そうしたことを避けるためにも、場合によっては、質問が何問あるのか、何分で回答できるのかなどを事前に提示し、調査対象者の協力を得ることも必要である。こうした調査対象者が感じる肉体的・精神的負担を軽減するような工夫は、結果として、調査票の回収率、回答率の向上につながるポイントでもあるということを覚えておいてほしい。

現地に足を運んでインタビュー調査や参与観察などの調査を行う際にも、調査対象者への配慮が必要であるが、この場合、音声の録音や撮影という行為が発生することもある。こうした場合には、個人情報を提供することに慎重な人やデータに残ることに抵抗感を抱く人に対する配慮が必要であり、録音・撮影などの行為の前には記録目的や使用目的などを説明し、同意を得る必要がある。また、のちに録音・撮影データを使用する際には、個人情報に配慮した記録データの加工が必要となる場合がある。

（2）データの取り扱い

　調査の規模によらず、収集した調査データの取り扱い方法を事前に検討しておく必要がある。特に、個人情報については慎重に取り扱いつつ、有効に活用していかなければならない。

　個人情報保護法第2条において、個人情報とは、生存する個人に関する情報であって、次の各号のいずれかに該当するものと定義されている。

　　1.　当該情報に含まれる氏名、生年月日その他の記述等（文書、図画若しくは電磁的記録に記載され、若しくは記録され、又は音声、動作その他の方法を用いて表された一切の事項（個人識別符号を除く。）をいう。以下同じ。）により特定の個人を識別することができるもの（他の情報と容易に照合することができ、それにより特定の個人を識別することができることとなるものを含む。）

　　2.　個人識別符号が含まれるもの

　つまり、氏名、性別、生年月日などの「個人に関する情報」が複数組み合わさって「特定の個人を識別することができる」ようになれば、それが「個人情報」にあたる。個人情報の適正な取り扱いに関する具体的な内容は、個人情報保護法第4章「個人情報取扱業者の義務等」を参考にしてほしい。

　収集データの取り扱いについて、以下の3点は特に重要である。

　　1）収集したデータを誰が扱うのか

　　2）どのように保管するのか

　　3）どこまで、どのように公表するのか

　まずは、収集したデータを誰が扱うのかという点について決めておかなければならない。特にチームでの調査や参加型調査の場合には、誰が、何に関するデー

タを、どこまで扱うのか、ということを明確にする必要がある。

　次に、保管方法について決める必要がある。ずさんな保管方法では調査対象者のプライバシーを守ることはできない。時たまニュースなどで企業による個人情報漏えい問題が発生するが、これは、企業内で個人情報取扱に関するガイドライン等に基づいた厳重な情報管理体制にあったとしても、何らかのミスにより問題が生じてしまうことを示している。東京商工リサーチの調査によると、2020年の情報漏えい・紛失事故の原因の内訳は、ウイルス感染・不正アクセスが49.5%、誤表示・誤送信が31.0%、紛失・誤廃棄が13.5%、その他６%となっている。つまり、インターネット環境による情報管理の問題と人為的ミスが中心であるといえる。こうした問題を最小限に抑えるため、保管場所、保管期間、データの受け渡し方法、データ分析を行う場所などをあらかじめ決めておかなければならない。特に以下の点について検討しておくとよい。

　　1）データは鍵のかかる安全な場所に保管し、なるべく持ち出さない

　　2）データにはパスワードを設定し、管理者を定めておく

　　3）メールでのデータの受け渡しは極力避ける（CD-ROM等の郵送がよい）

　　4）メールにデータ添付し受け渡しする際は、ファイルのパスワードは別送信する

　　5）データをクラウド上で管理・共有することは避ける

　　6）印刷した資料はシュレッダー、もしくは焼却によって処分する

　データを公表するときは、調査結果の内容が特定の個人や団体、地域などと結び付かないよう工夫する必要がある。調査対象の範囲が限定されるほど十分な配慮が必要であり、例えば、特異な活動をしている団体や患者数が限られている難病患者に関する調査結果は、個人や団体を特定できる可能性がある。最悪の場合、そうした特定の個人や団体が不利益を被ることもあり得る。

　他方で、データの公表が個人・団体の取り組み等の紹介を目的とする場合は、事前に対象となる個人・団体に公表についての承諾を得る必要があり、よかれと思っても独自の判断で公表してはならない。

参考 web サイト

一般社団法人社会調査協会「倫理規定」　https://jasr.or.jp/chairman/ethics/（閲覧日：2022年3月1日）

株式会社東京商工リサーチ（2020）「上場企業の個人情報漏えい・紛失事故」調査
　https://www.tsrnet.co.jp/news/analysis/20210115_01.html（閲覧日：2022年3月1日）

（野原　康弘）

1-2 調査にかかるお金と時間

（1）調査にかかるお金

概要調査の段階で検討しなければいけない制約のひとつとして、調査にかかるコストが挙げられる。コストは金銭的コストと時間的コストに分けられる。

調査票を送付し回答してもらう場合には、説明文（依頼文）、調査用紙、封筒、印刷、郵送（切手）などの費用が発生する。例えば、調査対象者100人に対して郵送で調査票を配布し、回答を返信用封筒で返送してもらうためには、表1の例に示すように約1万8千円の予算が必要である。1人あたり185円かかる計算だ。

表1　郵送調査（返信用封筒同封）にかかる費用例

物品	個数	単価	計
送付用封筒　長3	100	1セット（100枚入）300円	300円
返信用封筒　長3	100	1セット（100枚入）300円	300円
84円切手	200	84円	16,800円
アンケート用紙1枚	100	1セット（500枚入）400円	80円
添書（依頼状）	100	1セット（500枚入）400円	80円
印刷代	100	白黒1枚10円	1,000円
		合計	18,560円

ちなみに、5年に一度実施されている全国民を対象とした国勢調査の予算は、直近の2015（平成27）年国勢調査経費が約670億円となっている。日本の人口を1億3千万人だとすると、1人あたり約515円の調査費が発生している。普通の郵送調査との違いとして、国勢調査では、調査員または調査員事務を受託した事業者を雇い、担当する地域のすべての世帯に直接配布しているため人件費が上乗せされている。

インタビュー調査など、どこかに出向いて調査を実施する場合には、目的地までの交通費と時間、インタビューなどの調査時間が発生する。目的地までの距離と調査時間にもよるが、1日で調査できる対象者数や対象物数は限られており、複数日程で調査を実施することがあり得る。そのため、それなりの金銭的コストと時間的コストが発生することを考慮しなければならない。

もちろん多くのサンプルが取れるにこしたことはないが、予算の範囲内で最大

限の結果が得られるよう、概要調査段階で慎重に検討する必要がある。

（2）調査にかかる時間

　調査では予算のほかにもう一つ、調査実施にかかる時間を検討しなければならない。調査実施にどの程度時間がかかるのか、先ほど挙げた郵送によるアンケート調査を例に検討してみよう。

　まずは、概要調査段階である調査票の作成と配布・回収方法についてである。対象者や調査項目について検討し、設問の構成を整理し、その後は、配布・回収方法について、郵送や手渡しでの配布などを検討する。調査票の作成と配布・回収方法の検討が最も時間を要する段階であり、最低でも1か月程度はかかる。調査関係者との合意形成を図りながら進めなければならない。調査票が完成したら、身近な家族や友人に一度回答してもらい、わかりにくい点、不明な点があるかどうかを確認しておくとよいだろう。

　次に配布準備では、これら調査票などの印刷を行わなければならない。調査票、添書、送付用封筒、返信用封筒の印刷を行った後は、封入作業がある。量にもよるが、個人での作業であれば2〜3日みておくとよい。

　続いて実際の配布の場面では、一般的に調査票が回答者に届いてから2週間程度の回答期間を設けるとよい。調査票が回答者に届くまで2〜3日、回答後に回答者がポストに投函し依頼者に届くまでが2〜3日と考えると、調査票の発送から回答の返信が届くまでおよそ20日を見込む必要があることがわかる。

　調査票の回収後は、回答のデータ化の作業が発生する。データを表計算ソフトなどに入力した後、回答項目の誤字・脱字、表記の統一などの整理（＝データクリーニング）を経て、単純集計を行うことで全体の概要結果がわかる。近年では、インターネット上のサービス利用向上のためなど、インターネット上の様々なアンケートが実施されており、みなさんも一度は目にしたことがあるかもしれない。このようにインターネット上でアンケートを実施した場合でも集計作業は発生する。集計後は、アンケートの分析という流れになり、ここまでが基本的なアンケート調査実施の流れである。

　調査前・後にかかる時間は、調査の量により異なるが、調査にかかる時間よりも多くの時間をかけ丁寧に準備・分析する必要があり、ここが調査の質の要となる。

参考 web サイト

総務省統計局「平成 27 年国勢調査最終報告書」（日本の人口・世帯　第 2 部国勢調査の概要）
　https://www.stat.go.jp/data/kokusei/2015/final.html（閲覧日：2022 年 3 月 1 日）

（葛原　希）

1-3　地域との関係性

（1）地域との関係構築の重要性

　調査方法によっては地域との関係構築が重要なポイントとなることがある。例えば、ある自治会に調査票を配布する際、単に郵送したり、ポストに入れたりするだけでは回収率が低くなってしまう。そうではなく、調査実施の前に自治会長に調査実施についての説明を行い、同意を得るなど、調査実施にあたって関係しそうな団体や機関と連絡・調整を行い、合意形成を図りながら調査を進めることが有効な調査につながる。

　調査には、調査者と調査対象者とが一緒に議論し、これまでの状況を変えるような提案や実践活動につなげていくことを目的とした参加型調査やアクション・リサーチがある。インタビュー調査や参与観察などでは、客観性を保つために、調査者はあくまで傍観者としてのスタンスをとり、意思決定の場面などで何らかの意見を示すことは避けなければならない。一方で、参加型調査やアクション・リサーチでは、調査者が当事者として参加し、意思決定の場面でも関与しながら議論を深めていく。その際、調査者と利害関係者が本音で議論できる関係性を築いていけなければ、良い提案や実践にはつながらない。

（2）地域に入り込むリスク

　地域に入り込む際のリスクにも配慮する必要がある。調査者が地域に入り込むことですべてが良い方向に進むわけではない。逆に地域の関係性を悪くしてしまうリスクも考慮しなければならない。例えば、「調査疲れ」という言葉がある。地域によっては複数の大学や研究機関、組織が調査に入り込み、調査が頻繁に実施されているモデル的な地域も散見される。また、参加型調査によって頻繁に会議やワークショップが開催されることで、参加した利害関係者の時間を拘束することになり、参加者の負担につながる可能性がある。また、例えば、ある組織に偏っ

た調査となることで、地域の組織間の関係性やパワーバランスが崩れてしまうという場合が考えられる。

　調査者が地域にかかわることで、良くも悪くも地域に影響を与えることを自覚しなければならない。調査者は独りよがりになるのではなく、地域に与える影響に十分配慮し、地域の関係者の意見を尊重しながら調査を進めていく必要がある。

参考文献
笠原千絵・永田佑編著（2013）『地域の〈実践〉を変える社会福祉調査入門』春秋社

（野原　康弘）

1-4　基本的な情報収集のコツ

　地域に入り調査を実施する前に、まずは対象の地域に関する情報を収集し知識を深めておく必要がある。地域に関する情報は、インターネットや図書館、行政情報センターなどの情報拠点にアクセスすることで、その地域に関連する文献や行政資料、郷土資料などの地理・歴史、統計資料などを紙媒体または電子媒体で収集することができる。特に、地方自治体には行政情報センターなどの資料室が設置されている場合があり、自治体が作成した統計、予算、計画書、議会関係資料などの行政資料を収集・整理して、公開されている。

　例えば、基本的な地域の情報として人口、世帯構造、就業状態などを知りたい場合、地方自治体のホームページに掲載されている総合計画や個別計画でそれらの基礎的な情報の概況をつかむことができる。個別計画は、子育て・教育系、健康・福祉系、安全・安心系、観光系、産業・環境系、交通系、行政経営系などの分野ごとに策定されており、さらには、構想レベル、基本計画レベル、実施計画レベルに細かく分かれている。近年では、行政境界よりも細かい地区単位で作成される地域カルテ（または、地区カルテ）なども存在し、より詳細な地域情報をつかむことも可能である。

　特に意識してほしいのは、私たちが知りたい内容が地方自治体などの調査ですでに明らかにされている可能性があるという点である。自治体が策定する総合計画や個別計画は、過去の政策評価に関する評価指標や地域へのアンケート調査結

果、様々な統計情報に基づいて計画されていることが多く見受けられる。統計情報は地方自治体のみならず、国や公的な組織・団体でも公開されている。独立行政法人統計センターの e-Stat はその代表例である。こうした既存情報をふまえ、活用することで、より有意義な調査や地域活動の実践につながる。

　地域に関する情報の多くはインターネットで収集することができる一方で、郷土資料などの地理・歴史はまだまだ電子化が進んでいない。よって、地域の図書館や大学図書館、行政情報センターに足を運び、閲覧する必要がある。閲覧した資料は、有料ではあるが複写サービスを利用して、紙媒体もしくは電子媒体で持ち帰ることも可能である。

　卒業論文などの研究に関連する調査や研究スキームに近しい調査（成果として調査分析結果が求められるもの）では、上記の情報に加えて、調査テーマに関連する統計情報や既往研究について調べ、調査や地域活動において深掘りしたいことを明確にしておくことが重要になってくる。アンケートやヒアリング、社会実験を実施すること自体が目的になってはいけない。実施までのプロセスのなかで統計情報、既往研究を精査し、調査・実験により得られるデータや効果を前もって把握しておく。また、探索的な観察や簡単なヒアリング、実験などを実施し、調査を通じて得られる答えと分析方法、成果を想定しておく必要がある。つまり、事前準備の情報収集によって調査・分析結果のおおよそが決定するといっても過言ではない。

　地域に関する研究に必要な統計情報は、既出の e-Stat 以外にも、他の公的機関・組織から収集することができる。例えば、JAGES（日本老年学的評価研究）、SSJDA（Social Science Japan Data Archive）、「産業技術総合研究所」の研究情報公開データベースなどが挙げられ、公開されているデータもあれば、申請を行うことで利用できるデータもある。既往研究に関しては、日本国内の研究資料であれば、国立情報学研究所（Nii）の CiNii Research、IRDB（学術機関リポジトリデータベース）、国立研究開発法人科学技術振興機構の J-STAGE が活用できる。

　必要な情報のなかには、地域の人からしか得られない情報がある。郷土資料には記載されていない地域の歴史や文化、地域のキーパーソンの考え、地域で起きている現象に対する地域住民の生の声などである。地域の人の声を聴くことで、その地域で起きている現象を深く捉えることができ、新たな気付きを得ることにつながる。また前項で述べた通り、地域の人との交流は地域との関係性構築につ

ながる。

　最後に、収集した情報もしくは収集したい情報はリスト化することをお勧めする。多くの情報を探索したり、探索時から期間を隔てるとどこからの情報をもとにしたのか、何を調べたかったのか、どこまで調べたのかわからなくなってしまう。リスト化することで効率的な情報収集が可能となり、また新たな知見の探索に役立てることができる。

参考 web サイト

e-Stat 政府統計の総合窓口　https://www.e-stat.go.jp/

日本老年学的評価研究　https://www.jages.net/HOME/

東京大学社会科学研究所附属社会調査・データアーカイブ研究センター

　https://csrda.iss.u-tokyo.ac.jp/

産総研（研究情報公開データベース）　https://www.aist.go.jp/aist_j/aist_repository/riodb/

CiNii Research　https://cir.nii.ac.jp/ja

学術機関リポジトリデータベース（IRDB）　https://irdb.nii.ac.jp/

J-STAGE（科学技術情報発信・流通総合システム）　https://www.jstage.jst.go.jp/browse/-char/ja

（野原　康弘）

基礎的な技法を学んでみよう

PART Ⅱ では、地域を「読み・解く」ための基礎的な技法について学ぶ。

　Chapter 1「地域デザインの特徴的な技法」で学ぶのは、地域デザインならではの基礎的な技法である。その技法は 2 つある。1 つ目は、地域の情報を地図上で表現して地域の現状や課題を可視化する空間分析であり、2 つ目は、地域の課題や解決策を、対話をもとに整理・検討するワークショップである。これら 2 つの技法を学ぶことで、異なる主体が共創・協働していく際に不可欠な「可視化」と「対話」を支えることができる。

　次に、Chapter 2 〜 4「知っておきたい技法①〜③」で、地域デザインに限らず一般的に身につけておくべき基礎的な技法を学ぶ。それらを大別すると、アンケートなどから多数のデータを集めて量的な数値として実情を把握する統計的・量的調査、そして、インタビューや参与観察などを通して、地域の実情の質的な構造を記述する質的調査である。「可視化」と「対話」に加え、これらの技法を知ることで、ニーズをもつ当事者や地域の実態を客観的に把握することができるだろう。

Chapter 1

地域デザインの特徴的な技法

🔑 keywords　空間分析　ワークショップ　ファシリテーター

1　地域を知るための可視化（空間分析）

（1）空間分析の目的

　地域を知るためには、現地に出る前に、まず既存の資料、地図、統計データを集める。しかしながら集めた統計データだけでは、A地域とB地域の数値比較などしかできず、その数値が空間的にどう意味をもっているのかがわかりにくい。特に、初めて調査する地域では、A地域とB地域が隣り合っているのかも、地図とデータを見比べないとわからない。また、A地域で人口が増えていた場合に、隣り合うB地域も同様に増えているのか、それともB地域では減りA地域だけが増えているのかでは意味が異なる。前者はA地域の人口が増えたことでB地域の人口も増加し、後者はA地域が増えたのはB地域からの減少かもしれないということが推察できる。そしてさらに、時系列でみてみるとA地域は年々増え、それを追うようにB地域も増えてきているとわかれば、A地域が人口増加したことでB地域でも増えていることがわかる。さらに土地利用の状況をみれば、その人口増減は、開発を行ったためであるなど原因を特定することもできる。

　つまり、空間分析とは、様々な事象を地図上に表現することで、それらがどのような関係にあり何を意味しているのか、またそれを受けてどのような行動や対策をとるのかを知るための技法である。

（2）空間分析の手順

1）空間分析でできること

　空間分析では、事象を見える化（可視化）することができる。例えば、車両などの位置情報を可視化することで、バスのリアルタイムの位置を地図上に表したり、配送車両の位置を表示することができる。

　また、地図上にあるため、サイズや形状の計測が可能となる。例えば、浸水範

囲の面積や、調査しようとする地域の面積などを測ることができる。

　また、時系列でデータを集めることで事故が多発している地点や、感染症など
がどこで発生しているかなどをパターン化、定量化することができる。

　さらには、これらをもとに予測として、どこで発生するかなどを予測すること
ができる。

2）データの用意

　空間分析を行うためには、分析対象地域の地図データを用意する。そして、用
意した地図データの上で空間分析をするために、位置情報付きの空間データを用
意する必要がある。位置情報とは、緯度経度や住所のことである。

　位置情報は、緯度経度で表示することで地球上の特定の場所を指定することが
できる。緯度経度がわからなくても、住所がわかれば、それをもとに緯度経度も
検索できる。

　位置情報をもったデータは地図上で、ポイント（点）、ライン（線）、ポリゴン
（面）で表される。例えば、ある施設の名称と位置情報があった場合にはポイン
トデータとして表示し、バス路線や道路などの一部区間であればラインとして表
示する。そして、建物の形などはポリゴンとして表示される。ポイント、ライ
ン、ポリゴンを組み合わせることで空間分析の準備が整う。

（3）空間分析での留意点

1）座標系

　緯度経度がわかっても、原点をどこに設けるかによって、重ねたときにずれて
しまう。ずれていると、空間分析をするに際に分析したい結果が正しく得られな
い。そのため、異なる地図には座標系がある。多くの地図では、世界中どこでも
表示できるように世界測地系を採用していることが多い。また日本であると日本
測地系を採用していることが多い。

2）ファイル形式

　空間分析を行うときに用いるソフトウェアが地理情報システム（GIS）である。
GIS は、色々なメーカーから販売されているものや、オープンソースでつくられ
たフリーで使えるものがある。これらのソフトウェアが、独自のファイル形式を
採用し、そのソフトウェアでなければ開けないとデータの再利用ができなくなっ

てしまう。そこで、オープンデータ標準としてデータフォーマットが決められた GIS で表示可能な Shape（シェイプ）ファイルがある。さらに、データ一覧などの表データであれば CSV ファイル（カンマテキスト区切データ）とすることが多い。

　表データでは、表頭に人口、名称などデータ列の見出しを表記することがある。このとき、気を付けてもらいたいのがユニコードである。これが一致していないと文字化けが発生するので注意が必要である。

（長田　哲平）

2　社会を知るための対話（ワークショップ）

（1）ワークショップの目的

　ワークショップはどのような場面で活用することができるだろうか。もし一定の知識を多人数に効率的に伝達したいのであれば、＜先生―生徒＞＜講師―受講者＞といった講義形式をとることが一般的である。さらに確認テスト等により知識の定着を確認することもある。また、組織や集団における方向性や対応等の伝達・調整・決定を行う際には会議形式とすることが多い。このとき、しばしば「ロの字型・コの字型」（図1）と呼ばれるテーブル配置で実施され、議論の自由度よりも確実性が重視される。しかし、ワークショップはこれらとは異なる形式である。

　ワークショップは様々な場面や目的で活用されているため、それ自体も人や集

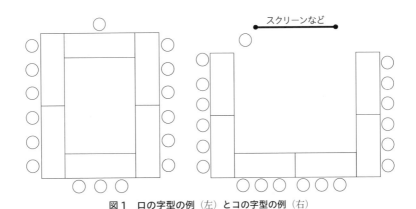

図1　ロの字型の例（左）**とコの字型の例**（右）

団によって想起するイメージが異なることがある。企業の商品開発チームであれば新商品のアイデアを出し合うような場を想像するだろうし、芸術家であれば一般の方々と共にアートに触れ合う、即興性を伴った創作活動のことだと思うかもしれない。同じ「ワークショップ」であっても、内容や方向性によってその内容をいくつかに類型化することができる。もちろん、それぞれが相互に関連し合うような構成となっていることもあるため、必ずしも明確に分類できるわけではないということには留意しなければならない。

　ここで、地域づくり・まちづくりという場面を念頭においたとき、「ワークショップ」を＜参加者が協働できる「仕掛け」を伴った、課題解決や学習を行っていく活動＞と考えていきたい。これは講義や会議とは異なり、小グループで実感をもって＜想像＞し＜創造＞するためのもの、ということができる。「想像」とは自分以外の他者を想像すること、「創造」とは短期・長期といった時間や規模の大小にかかわらず、ワークショップ後の未来を創造することである。他者を想像するために必要なことは、一定の知識や情報に基づく「気づき」や「学び」である。ワークショップでは複数の参加者と共に課題解決や学習を行うが、その参加者がもつ知識や経験は必ずしもワークショップのテーマに沿ったものではないかもしれないし、十分ではなかったり思い込みがあったりする可能性もある。前提条件となる知識が共有されていなければ、課題解決のための協働作業が深まらないといえる。そのため、社会や地域の現状や制度、客観的な問題点やこれまで行われてきた対応策等がどのようになっているかを共有することで、地域にかかわる人たちがどのような立場や考えをもっているのか、そしてその個々人が「幸せ」になれるための方向性はどのようなものかを想像していくことが求められる。

　また、ワークショップ自体は2～3時間程度のものから数日間・数回にわたって実施されるものまであるが、必ず何か「創造的」な結論が出なければならない、ということではない。目的やテーマを決めて話し合うことは大切であり、最終的には何らかの合意や提案等が行われることが望ましいといえるが、一方で結論ありきの内容となってしまうことは避けなければならない。むしろ、そこでの話し合いや意見交換が重要だという認識をもつことが必要である。そのプロセスのなかで相互のつながりが形成されていけば、そのこと自体も「創造」だとい

え、ワークショップの成果であると考えられる。ユネスコの「学習権宣言」（1985年）のなかでは学習権を「人々をなりゆきまかせの客体から自らの歴史をつくる主体に変えていくもの」としているが、ワークショップもまさしく他人任せにするのではなく、参加者自身が主体的に想像・創造していくことが目指されているといえるだろう。

（2）ワークショップの手順

　ワークショップの手順の大枠としては一般的な会議等と同様に、＜導入→展開→まとめ＞というかたちになる（図2）。ここで会議と異なる点としては、いかに参加者各自が自由に想像・創造できるかを考えた「仕掛け」をつくりつつ、「展開」部分に知識や情報の＜共有＞と自由なアイデアの出し合いと合意形成といった＜創造＞が含まれているという点である。

1）導　入

　導入部分では実施するワークショップのテーマ・ゴール・ねらい・目的・スケジュール等が提示される。参加者に対して、何のために何を目指してアイデアを出し合うのかが共有されなければ、ワークショップ全体が単なるレクリエーションとなってしまう、あるいは雑談の場となってしまうということが起こり得る。一方で、話し合いを進めているなかで、意図せずに方向性がずれていってしまったりわからなくなってしまったりすることは珍しくない。導入においてはっきりさせておかなければならないことは、①テーマやゴール（箇条書きなど端的にわかりやすく）、②スケジュール（今回の流れと経過時間・終了時間）の2点である。これらをホワイトボードや模造紙等を活用して参加者全員が見えるところに示しておくのもよいだろう。
　自由に参加者が経験やアイデアを出し合うためには、そのための環境づくりをして

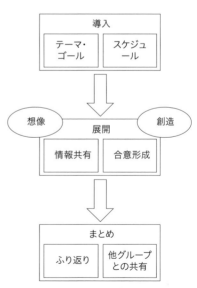

図2　ワークショップの手順の例

おかなければならない。環境づくりには「ハード」と「ソフト」があるといえる。「ハード」としては、ワークショップを実施する部屋やスペースの選定、ツールの準備がある。ワークショップでは小グループでの話し合いが重要であるため、前述の会議のように参加者全員をロ（コ）の字型のテーブル配置で着席させてしまうと絶対に創造的な意見は出ない。また、1グループは最大でも5名程度が望ましく、それを超えるとやはり話し合いに参加しない（できない）まま時間が過ぎてしまう参加者がいるということが散見される。使用するツールには付箋やサインペン、ホワイトボードやマグネットなどが挙げられるが、最近では対面であってもスマートフォンやタブレットを活用することもある。参加者全員が簡単かつ気軽に利用できるようなツールを準備しておきたい。

「ソフト」としてはアイスブレイクの実施がある。これは必ず行わなければならないというものではないが、参加者が初対面同士であったりテーマが比較的難しかったりするようなときに、「誰でも自由に、どのような意見でも出していい」という雰囲気を形成するために有効である。アイスブレイクには、緊張を解きほぐすことが中心となったゲーム性の強いものもあれば、テーマにつながるような「気づき」を得るために実施するものもある。特に後者は人権や社会問題に関するテーマを扱う際に、各自の思い込みや無意識の行動などに気づいてもらい、その後のアクティビティにスムーズに入っていくためにプログラムに組み込まれることがある。

2）展　開

ここでは参加者に対して、または参加者同士で知識や情報の共有がなされ、自由なアイデアの出し合いと合意形成が行われる。これは展開部分全体を前半・後半のように区切って行われることもあるし、逆に明確に区切らずに交互に進行することもある。参加者はそれぞれが経験や知識をもっているが、立場や年代によって当然異なる。しかし、同じ立場や同じ地域同士であっても、必ずしも共有されているとは限らない。知っていて当然と思われていることでも改めて提示し確認し合うことが重要である。なお、例えばこれまでに行ってきた施策や対策、前回までのワークショップで出た意見や現状等について共有する時間をここでとってしまうと、導入部分との連続性が途切れてしまう。必要であればワークショップを実施する前に簡単に説明するか、事前に資料を提示しておく方がよい

だろう。

　さて、共有された知識や情報をふまえながら、ワークショップのゴールへ向けて自由に意見を出し合っていくことになるが、これがワークショップを行う最大の特徴であろう。ゴールに向けては各グループにおいて何を最終的に示すかといった合意形成がなされることになるが、その際に大切にしなければならないことは「相互承認」である。つまり、出されたアイデアはどのようなものであっても否定せず、グループとして一旦受容することが重要である。アイデアすべてが合意形成に至るということではなく、多様な意見が出ることでそのワークショップのテーマに合致したアイデアを選び出したり組み合わせたりすることができるのである。そのためにもアイデアを全員が俯瞰し整理していくことができる「仕掛け」として、単純な付箋ワーク、ロジックツリーやマインドマップ、その他各種ワークシートなどのアイデアを図式化する手法やツールを活用したい。

3）まとめ

　まとめでは各グループでどのようなことが話し合われたかをふり返り、グループ内の合意としてはどのような提案や結論となったのかが他のグループと共有される。そしてそれらが具体的にはどのように活かされていくのかといった今後の展開や、複数回予定されているワークショップであれば、次に向けての課題の整理や「宿題」の提示が行われる。

　ともすると展開部分で予想以上に盛り上がり、終了時刻が迫ってきてしまうことがある。しかしまとめをおざなりにしてしまうと、そこまででどれだけ丁寧に行ったとしても「未来の創造」へは至らないといえる。展開部分は「少し話し足りない」というところで各グループでのまとめを行ってもらい、共有や整理をする時間も確保しなければならない。もし時間が許すのであれば、ワークショップ終了後も相互にフリートークができるようにしておくと、より具体的な創造が生まれてくることが期待できる。

（3）ワークショップに重要なファシリテーター

　ワークショップは他者を想像し、未来を創造するものであるといえるが、それらは自然となされるものではない。適切なプログラムや仕掛け、そして企画運営や進行役となるファシリテーターが不可欠である。ファシリテーターは一部の熱

心な参加者だけではなくすべての参加者が自由にアイデアを出せるような環境を
つくる、まとめを行うことを見越してタイムキープを行うなどといった活動を行
う。その場にいる全員がそれぞれを尊重し合いながらワークショップに参加する
ことで、人も地域も成長していけるといえるのである。

（若園　雄志郎）

Chapter 2

知っておきたい技法①
統計調査の基礎

🔑 keywords　データの種類　データの集計　仮説　統計的検定

1　データの種類と尺度

　まず、調査法に先立って統計の話からはじめる理由を説明する。調査は、その結果を分析するために行われる。調査結果を分析するためには、それがデータとして集計されなければならない。どのような分析を行うのか、そのためにはどのようなデータが必要なのか、それが決まってから、ふさわしい調査法が検討されるのである。そして、データの集計と分析に必要なのが、統計学の知識である。

（1）質的データと量的データ

　まず考えなければならないのが、データの種類である。数量として測定される量的データは計算可能である。しかし、意味や現象の分類が区分されたものである質的データは、そのままでは計算が不可能である。この場合、質的データもコード化することによって、あるいは事前にコード化しておくことによって、集計可能となる。

（2）尺度

　コード化された質的データや量的データが、どのような計算に適するかにかかわるのが、尺度である。尺度とは、コード化されたものも含む数値データの間の規則である。質的データには名義尺度と順序尺度があり、量的データには間隔尺度と比例尺度がある。

　名義尺度は、データを分類しているだけであり、計算することに意味はない。計数によって分布を見ることができるようになる。例えば、調査のときに調査対象者を区別するための ID や電話番号がある。

　順序尺度は、データの大小や強弱などの順序関係を示すが、間隔には意味がな

いものである。最大値や最小値、中央値に意味はあるが、四則演算には適さず、平均値には意味がない場合が多い。例えば、地震の大きさを表す震度がある。震度1と震度4があった場合に、単純に震度1の4倍が震度4ではない。

　間隔尺度は、データ間の間隔に意味はあるが、比率には意味がないものである。和や差の計算が可能で平均値も意味をもつ。しかし、積や商の計算はできない。例えば、温度などがある。10℃と20℃、20℃と30℃の差はいずれも10℃であり、平均温度も15℃と25℃で意味をもっている。順序尺度との違いは、大小関係に加えて差にも意味があることである。

　比例尺度（比率尺度）は、絶対0点から等間隔な目盛上に並べることのできるデータであり、間隔にも比率にも意味がある。四則演算が可能である。例えば、年齢がある。10歳と20歳の差は10歳であり、10歳の2倍生きたのが20歳である。

（3）クロスセクションデータと時系列データ

　調査対象を属性によって区分したデータ系列を、クロスセクションデータという。一定時点における、調査対象の属性の違いによるデータの違いが、分析の対象となる。

　それに対して、調査項目に関して時間の経過に沿って調べられたデータ系列を、時系列データという。調査データの変化のパターンや大きさが、分析の対象となる。

　同一の調査対象に対して同一の調査項目を、経時的に調査したデータを、パネルデータという。パネルデータは、クロスセクションデータでもあり、時系列データでもある。

2　データの集計

　調査によって集められたデータは、分析のために集計という作業を経なければならない。

（1）度数分布

　調査項目ごとにデータの分布を表にしたものが度数分布表、グラフにしたもの

がヒストグラムである。名義尺度や順序尺度であれば、それぞれのコードに対して調査データが何個あるかが示される。間隔尺度や比率尺度はもちろん、名義尺度や順序尺度の場合であっても、区分が細かすぎて一覧性を損なう場合には規則的に数値幅を区切り（階級）、その幅（階級幅）の間にデータが何個あるか（度数）を示す。

　ヒストグラムにしたときの形状により、度数分布のパターンが区分される。分布の最も多い階級（集中点）を中心に、左右にほぼ対称に減少していく形状を、単峰対称分布という。集中点が分布の中央から左右いずれかの方向に偏っている形状を、単峰非対称分布という。

　単純に度数の分布を示すほかに、階級の小さな方から度数を順次加算していった累積度数分布がある。

（２）単純集計とクロス集計

　調査結果全体を１つの度数分布に集計したものを単純集計という。調査対象全体の特徴や傾向を見ることができる。

　それに対して、調査項目の１つ（あるいは複数の組み合わせ）によって調査対象を区分して、区分したデータ系列ごとに集計したものをクロス集計という。調査項目同士の関係や、調査対象を属性で分けた場合の違いを見ることができる。

（３）基本統計量

　調査結果の度数分布の特徴を把握することが、分析の入口となる。しかし、度数分布表で数字を見比べて特徴を見極めるのは困難な作業である。ヒストグラムにすれば見た目にはわかりやすいが、感覚的なものであって厳密性に欠ける。そこで、調査対象の特性やデータ分布の特徴を、特定の側面から１つの数字で表現するのが、基本統計量または要約統計量という。

１）代表値

　データの分布の中心的な傾向あるいは標準を表す値が、代表値である。代表値は何種類もあり、ここでは平均値、中央値（メディアン）について説明する。

　すべてのデータの和をデータの個数で割ったものが算術平均（相加平均）であり、代表値として最も利用される。しかし、データが割合や変化率である場合、

算術平均では意味をなさない。そのような場合、データの積のn（データの個数）乗根である幾何平均（相乗平均）を用いる。例えば、成長率や利回りなどを考えるときには相乗平均がよい。基準年を100とした場合、2％、18％と成長した場合、100 × 1.02 × 1.18 ＝ 120.36 となる。2年の平均成長率を相加平均とすると10％となり、100 × 1.1 × 1.1=121 となり値がずれてしまう。相乗平均は9.71％となり、相乗平均で計算すると100 × 1.0971 × 1.0971 ≒ 120.36 となる。

　また、算術平均は、極端に大きかったり小さかったりするデータ（異常値）を含む場合にはその影響を受けてしまう。つまり分布の形状が単峰非対称分布の場合には、代表性に問題がある。それに対して、データを大小の順番に並べたときに真ん中に位置する値である中央値は、分布の偏りや異常値の影響を受けにくく、安定している。データの個数が偶数の場合は、真ん中を挟んだ2つのデータの算術平均を用いる。

　度数分布において最も数多く分布する階級が、最頻値（モード）である。ただし、分布の形状が単峰形である場合に限って有効であり、階級幅の取り方が重要である。この値も、異常値の影響を受けにくい。

2）散布度あるいは分散度

　代表値がどれだけ調査対象全体の代表性をもつかは、データ分布の散らばり具合も考慮しなければならない。分布の散らばり具合の大小を示すのが散布度あるいは分散度であり、何種類もあるなかから、平均偏差、分散、標準偏差、範囲（レンジ）、変動係数について説明する。

　個々のデータと分布の中心（通常は算術平均）との差（偏差）の絶対値（プラス／マイナスの符号を除いた値）を平均したものが、平均偏差である。プラス／マイナスの符号を付けたまま偏差の和を求めても0になってしまうだけなので、絶対値に変換して計算する。

　さらに、絶対値だと計算で扱いにくいので、より計算しやすい偏差の2乗を平均したものが、分散である。しかし、元の単位の2乗になっているので、解釈は難しい。

　そこで単位を元に戻して解釈を容易にしたのが、分散の平方根を取った標準偏差である。平均偏差に比べると、分布の中心として変動幅を知ることができ、データのばらつきを評価することができる。

一方、単純にデータの最大値と最小値の間が、範囲（レンジ）である。データの数が少ないときには有効であるが、異常値の影響を受けやすいという大きな欠点をもつ。そこで、上下 1/n のデータを除去した際の範囲を n 分位範囲として用いることで、安定性が増す。例えば、n を 4 とすると四分位範囲といい、第 1 四分位数（0 から 25％の区間）から第 3 四分位数（75 から 100％の区間）の間の 50％部分を扱うこととなる。

データの散らばりの大きさだけ見ても、データそのものの大きさと比べなければ評価できない。そこで、標準偏差を算術平均で割った値が、変動係数である。例えば、数十円と数万円のように桁が異なるような場合には、標準偏差の値も数万円の方が大きくなってしまう。そのため、変動係数を用いることによって相対的に比較することができる。

（原田　淳）

3　データから確率論を使って結論を導き出す

統計的検定とは、仮説に基づいて集めたデータを、確率論の観点から設定した仮説が正しいのか検証することである。使用するサンプル（標本）は、母集団から無作為抽出されたものでなければならない。統計的検定の手順は以下の通りである。

（1）Step1. 仮説の設定

まず、明らかにしたい事象を仮説として設定する。例えば、2 つの異なる教授法で英語教育を受けたグループがあったときに、この 2 グループの英語力に差がある（対立仮説）ということを証明するためには、反対の仮説（帰無仮説）を設定し、それが正しくないことを証明して、仮説が確かであることを証明する。

1）対立仮説（alternative hypothesis, $H1$）：「（例）異なった教授法で指導を受けたグループ A とグループ B の英語力に差がある」

2）帰無仮説（null hypothesis, $H0$）：「（例）グループ A とグループ B の英語力に差がない」

（2）Step2. 有意水準の決定

　帰無仮説が正しくないこと（棄却）として、対立仮説を正しい（採択）とする
かどうかを判断する基準を設定する。この基準は、有意水準（significance level:
α）と呼ばれる。通常は、5%（α =0.05）に設定し、それを棄却することで95%
の確率で正しい結果であるといえる。

（3）Step3. 有意確率に基づく仮説の採否

　データから有意確率（significant probability, p 値）を求め、有意水準と照合する。
あらかじめ設定した有意確率より低い場合は、帰無仮説が棄却されて対立仮説
が採択される。有意確率が 5% より高くなった場合には、2 群の平均差は偶然に
起こる確率の範囲内であるとし、帰無仮説が採択され「有意差がなかった」と
なり、つまり仮説は立証されなかったことになる。

4　統計的検定の種類

　統計的検定には、t 検定、カイ二乗検定、F 検定の 3 種類がある。t 検定は母平
均の検定に用いられる。カイ二乗検定は分布の乖離度を測るものである。F 検定
は、母分散の検定に使われる。

（1）t 検定

　t 検定は、t 分布に照らし合わせて、2 群の平均の差を検証する場合のパラメト
リック検定である。なお、パラメトリック検定とは、データがある特定の分布に
従うと仮定して行う検定である。

　例えば、中学生と高校生のテレビを見る時間の長さに違いがあるのか。男子生
徒のほうが女子生徒より理系科目が強いのか、など、2 群間を比較する際に使用
する。平均値の大小だけを比較するのではなく、それぞれの群の得点分散を考慮
する必要がある。

　t 検定の実験計画と前提：t 検定では、対応あり（repeated measures）と対応なし
（independent measures）の 2 種類の実験計画を立てることができる。対応ありの検
定では、同じ被験者に異なる 2 つの条件を与え、その条件間の差を検討する。対
応なしの検定では、異なる性質をもった被験者に同じ条件を与えて、グループ間

を比較する場合と、同じ性質をもった 2 群に異なる条件を振り分ける方法の 2 種類がある。同じ性質で異なる条件に分けた場合、それぞれの群を統制群（control）と実験群（experiment）と呼ぶ。

（2）カイ二乗検定

カイ二乗検定は、カイ二乗分布を利用する検定方法の総称である。カイはギリシャ文字の χ である。χ^2 検定とも書く。母分散の検定、分布の適合度検定、分割表（クロス集計表）の独立性や一様性の検定などに利用される。質的変数（カテゴリカルな文字型変数や数値変数）の値の数をカウントして値の出現頻度（度数）を集計し、「そこで集計されている集計表が特異な結果ではなく、データ全体に対しても起こりうることなのか？」を検定する分析法である。ノンパラメトリック検定に分類されるので、データが正規分布（データが平均値付近に集積する分布、ガウス分布）である必要はない。

（3）F 検定

F 検定は、2 つのデータ群のばらつきが等しいか（等分散）を検定するパラメトリック検定である。F 検定は分散の違いに関する検定で、t 検定を実施する前に使われることが多い。F 検定は通常、データが正規分布をしていることが前提になることも注意が必要である。

参考文献

David Freedman, Robert Pisani, Roger Purves（2018）*Statistics*, Norton & Company; 4th ed. International Student.

東京大学教養学部統計学教室（1991）『統計学入門（基礎統計学 I）』東京大学出版会

（王　玲玲）

Chapter 3

知っておきたい技法②
サンプリングと実験計画法

🔑 keywords　調査対象者　サンプリング　実験計画法

1　誰を対象者とするか（サンプリング）

　地域を読み・解くには、そこに暮らす人々を知ることが大事であるが、人には個人差があって意識や行動などにはばらつきがある。確実なのは全員を調べることであり、これを全数調査・悉皆調査という。国勢調査や選挙も全数調査の一種である。しかし、全数調査は対象者が多く、時間や人員が限られ、現実的に難しいことも多い。また、調査が意識に影響を与えるならば、全数調査は調査ではなく誘導や啓蒙の意味合いが強くなる。そこで、全員ではなく一部の人を調べることがよく行われている。これを標本調査・抽出調査・サンプリング調査などと呼ぶ。世論調査や視聴率などが典型例である。その際、誰を調査対象者として抽出するのか、何人を調べれば十分なのかが問題になる。

（1）調査対象者の抽出方法

　まず、傾向を調べたい集団全体を「母集団」という。例えば、栃木県民の意識調査なら栃木県民全員が母集団となる。標本調査を行う場合には、抽出される調査対象者の調査結果をもって、母集団の性質を統計学的に推定することになる。調査対象者が母集団から偏りなく抽出されれば、母集団を代表するものとして扱ってもよいことになるが、より偏りなく抽出（無作為抽出）するためには工夫をしたほうがよい。表1（次頁）は効率的に無作為抽出する代表的な手法であり、これらを組み合わせて用いることもある。

（2）調査対象者の抽出数

　いわゆるサンプルサイズの問題である。多いほうが母集団の予測精度が向上するが、一概にいくつ・何割とはいえない。ばらつきの少ないデータ特性ならば、

表1　無作為抽出の効率的な方法

名称・方法	特徴 （メリット：○、デメリット：▲）
①単純無作為抽出 　通し番号を付け、乱数表を用い抽出	○：単純。母集団の事前情報がなくても可能 ▲：母集団が均質でない場合、偶然に偏りが大きくなる危険性がある
②系統抽出法 　通し番号を付け、1番目を無作為に選び、2番目以降は3人おきなど一定の間隔で抽出	
③クラスター抽出法（集落抽出法） 　母集団を複数の小集団（クラスター）に分け、そのなかから無作為に複数を選び、全数調査（例：県内市町村から5つを選んで、その住民を全数調査）	○：依頼先の集団が限定されるので手間と時間が節約できる ▲：抽出されるクラスターが少ないと、偏りが生じる危険性がある
④多段抽出法 　クラスター抽出を何段階か繰り返す	
⑤層化抽出法 　母集団を複数の層（集団）に分類し、各層から無作為に抽出（例：男女比6:4の高校で、男子6名・女子4名を抽出）	○：層間の比較ができる。推測精度が上がる ▲：母集団の構成情報が事前に必要 ※　層の大きさに比例して抽出数を配分すると母集団を反映しやすい（比例配分法）
⑥二相抽出法 　1回目の調査で母集団の情報を取得し、その情報に基づいて2回目に層化抽出を行う	○：母集団の事前情報がなくても、効率よく層化抽出ができる ▲：手間と時間がかかる。抽出数が少ないと偏りが生じる危険性がある

少数でもよい精度が出せる。TV視聴率は関東の約1600万世帯に対して600世帯のサンプル（0.00375%）であるが、社会的に通用している。現実的には、準備やデータ収集にかける手間と時間と予算によって決まることも多い。何か月もかかる負荷の高い実験なら数人の協力者を確保するのがせいぜいかもしれないし、選択式で簡単に答えられるなら予算の許す限り何千人にもWeb調査を依頼できるかもしれない。

　サンプルサイズが少ないと意味がないわけではない。適度にばらつきのあるごく少数のサンプルでも同じ傾向が見られるなら、かなり有望な結果とみなすこともできる。筆者は、数時間以内で終わる程度の心理調査・実験であれば、20名を超えることを一応の目安にしている。これには確たる根拠はないが、あえていえば、20名ならば1名は全体の5%であり、外れ値をとる回答（一般的に全体の5%）がたまたま出現したときに、全体が20名未満だと影響が過大になってしまうから、と考えている。

（3）調査対象者から得られるデータの意味

　サンプルサイズの問題もそうだが、抽出した調査対象者から得られるデータの意味について十分に理解した上で、考察する・論述することが重要である。大学生 20 名では、世代や職業も多様で男女比も異なる地元住民の代表とはとてもみなせないが、身体機能や感覚的なデータなら 20 代の日本人の平均像を示しているかもしれない。20 代で一定の結果を見出せたのであれば、次は他の世代に広げて調べてみることを提案できる。言えることの限界を明確に意識しつつ、過不足なく論述することが、データに向かう誠実な姿勢といえるだろう。

2　実験の計画

　研究の仮説の是非を明らかにする際に取り得る手段としては、大きく「調査」と「実験」の 2 つがある。「実態調査」・「統制実験」という語があるように、調査は日常的な様相をありのままに記録するのに対して、実験は意図的に環境や条件を操作してその影響を測定するものである（調査＝調べることと広く捉えると、実験も調査の一手段ともいえてしまうので、そう単純な話ではないが）。実験は知りたい関係を直接的に確かめられるのが利点だが、条件を意図的に操作するので日常的な反応とは異なる結果となる可能性があったり、現実社会ではそもそも条件操作が許されない場合も多い。両者には一長一短があり、それぞれの特徴を理解した上で、状況に応じて使い分ける必要がある。ここでは、実験を選択した場合に、データ取得までに注意すべきことを簡単にまとめる。

（1）実験に持ち込むなら実験計画法

　「実験計画法」とは、効率の良い実験方法を設計し、結果を適切に解析することを目的とする統計学の応用分野である。1920 年代に英国の統計学者 R.A. フィッシャーが確立し、大きくは合理的に実験回数を減らす「直交表」と、実験データの分析方法としての「分散分析」からなる。

　まず、分析時に分散分析を用いるので、実験の結果得られるデータは連続量であることが望ましい。基準と同程度またはちょうどよいと判断された状態に調整してもらい（調整法という）、その状態を物理量で記す（心理物理量という）のが

最もよい。また、順序尺度で等間隔性が保証されない段階尺度法よりも、100点満点やME法（基準状態を100として数字で回答）で得られたデータのほうがよい。

　結果に影響を与えると予想され、実験で確認する項目を「因子」と呼び、実験で各因子に設定する段階を「水準」と呼ぶ。例えば、部屋の広さの感覚（広さ感）を測る実験を想定すると、広さ感に影響を与える項目としては、室面積・天井高・壁色・室形状・窓位置・窓面積・視点位置などが考えられる。前3項目に注目するならば実験の因子はその3つとなり、各因子の水準を、4.5・6・8帖、2.1・2.4・2.7m、白・赤・青と各々複数の水準に設定するといった具合となる。水準は名義尺度でも順序尺度でも構わない。因子以外の項目はある状態に固定することで結果への影響を排除する（正方形・窓なし・室中央高さ1mなど）。他の項目も原則1つの状態に固定が必要だが、どうしても固定が難しい項目はその状態を記録し、万が一影響があった場合に考察できるようにしておく。

（2）主効果・交互作用と直交表

　因子の結果への直接的な影響を「主効果」という。また因子AとBが互いの効果に影響を及ぼすことをAとBの「交互作用」（A×Bと記す）という。例えば、おいしい寿司の醤油の量は、［ネタ］や［サビの量］による主効果もあるが、［ネタ×サビ］の交互作用もある、という感じである。すべての主効果・交互作用を検証したければ、各因子・水準の総当たりで実験する必要がある。しかし、前述の広さ感の例では3×3×3＝27条件となり、1条件5分でも135分と過酷な実験となる。ここで、交互作用の検討が不要ならば9条件で済ますことができ、実験の負荷を劇的に減らせる。この際に用いるのが「直交表」というもので、一部の交互作用を検討に含めることもできる。

（3）実験に際しての注意点

　偶然のばらつき（誤差）の影響を除くために、実験は同条件で複数回反復するのが基本である（反復の原則）。また、慣れや疲労・直前の提示条件の影響が考えられる（順序効果）ため、提示順序が同じにならないようにバランス良く割り付けることが必要である（無作為化の原則）。さらに、日付・機材・担当者などによる影響を排除するために、これらが同一のグループ内で提示条件の配分・順序が

偏らないように割り付ける必要もある（局所管理の原則）。

　加えて、慣れを促進し、回答の一貫性を向上させるためには、実験前の十分な練習が有効である。練習を繰り返すことで実験に慣れ、評価基準が定まってくる。また、練習に用いる条件は、因子と水準の全容がわかるようなバリエーションを提示することが効果的である。

　このように、実験を行うには様々な要素をどう設定するか、細心の注意を払って計画する必要がある。良い実験になるかどうかは実験計画で8割方決まるといっても過言ではない。詳細は書ききれないが、他の資料等でよく勉強してから実験に臨んでほしい。

（古賀　誉章）

Chapter 4

知っておきたい技法③
質的調査を知り、上手に使おう

keywords　質的調査　データの収集　データの分析　解決策提案

1　質的調査とは

　ここでは、質的調査はどのような場面で必要とされるのか、質的調査の意義を確認し、また地域デザイン科学の領域で扱う質的データにはどのようなものがあるのかを把握する。

（1）質的調査の意義

　質的調査は、質的データ（表1で挙げるようなデータ）の分析を通して、「現象の理解」や「仮説生成、あるいはモデル生成」に取り組む際に力を発揮する。現象の理解とは、これまでに捉えることのできていなかった社会や文化、都市を理解することである。新しい現象を理解するためには、その現象が先駆的であったり、唯一無二な性質であれば、一つ、あるいは少数の対象者・物であっても、多面的に根源的に把握することで、容易に数値化することのできない、その現象のもつ新しさや普遍的な価値を示すことができる。現代のように社会の変化が大きく、急激であるほど、新しい現象の理解は頻繁かつ困難な状況となり、それに応えるために質的調査の重要性が増す。

　例えば、中山間地の限界集落に住む高齢者の生活実態や意識を把握しようとする際に、そもそも対象者の数が少なく、また調査票調査では回答者の詳細な情報を得られない場合、また、都市の道路空間の活用法を分析しようとする際に、事例が少なく評価法が定まっていない際などには、対象者や対象地の質的調査を通して、現状を深く把握することが必要である。また、現象の理解そのものを目的とする質的調査研究もあれば、仮説生成やモデル生成、つまり仮説がない状態から仮説を作ったり、対象をモデル化・理論化することもある。事象が生起するメカニズムを、得られた質的データを抽象化したり、データから得られた概念を

表1　質的データの種類

A すでに作られたもの	1. 図表を含む文章	(1) 新聞・雑誌、パンフレット　(2) 各種計画、報告書、議事録　(3) SNS 上のテキストデータ　(4) 日記・手紙、生活記録　(5) 書籍、論文　(6) 作品（詩、エッセイ、古文書、料理（レシピ））
	2. 空間	(1) 建築物・建造物　(2) 広告物やファニチャー　(3) 街並み・景観
	3. 音声資料	(1) デジタル音声データ　(2) ラジオ放送
	4. 映像・画像資料	(1) 写真　(2) 映画、テレビ放送　(3) YouTube、その他 SNS データから取得するデータ
B 調査者が作成したもの	1. 図表を含む文章	(1) 調査票と回答　(2) フィールドノート・メモ　(3) 音声データをテキスト化したもの
	2. 空間	(1) 建築物・建造物・その他広告物やファニチャー　(2) 街並み・景観　(3) CG、模型
	3. 音声資料	(1) デジタル音声データ
	4. 映像・画像資料	(1) 写真　(2) 環境測定データ　(3) YouTube、その他 SNS から取得するデータ　(4) GIS データ

出典：盛山和夫（2004）『社会調査法入門』有斐閣に筆者が一部加筆して作成

組み合わせることによって、理論やモデルを構築し説明するのである。

（2）質的データの種類

　質的調査で扱うデータの範囲は極めて広い。大まかに整理すると表1のようになる。対象となるデータは多様である。インタビュー記録など、人を対象として得られるものから、地域デザインにおいては、建築物や橋梁などの建造物も空間的な資料として質的データと捉えることができる。質的データは、A すでに作られたものか、B 調査者が作成したものかに大きく分けて捉えることができる。データを扱う際はこれらを明確にしながら整理・分析する必要がある。

2　質的調査におけるデータの収集方法と分析方法

　調査や研究を行う上では「問い」の設定が極めて重要である。その問いに対してどのような調査方法を用いることが適切かを検討する。また、調査は「データの収集」と「データの分析」といった2つの段階がある。ここではそれらの段階においてどのような方法があるのか概括する。

3　データの収集方法

データは表1で整理したようなものがあるが、これらをどのように収集すると

適切なデータを得られるのかを検討する必要がある。知る、観る、聞くが基本である。それぞれ既存の資料をもとに主に過去の事実を知るドキュメント調査法、人や事物の存在、関係、行動を現場の一員となり把握する参与観察法、また現場の一員となり共に活動等を生み出すアクションリサーチ法、人の意識や経験を聞くインタビュー調査法がある。

（1）ドキュメント調査法

　個人、自治体、市民団体等が何かの目的ですでに作成したものである。大きくは、①私的な記録（日記、手紙、自伝、ホームビデオ）、②公的な記録（行政文書・議事録、計画や白書、統計資料、広告物）、③マスメディア（新聞、雑誌、映画）に分類できる。自分ではない誰かが記録したという性質から、その信頼性や作成された背景や目的を把握する必要がある。少なくとも 5W1H（Who（誰が）What（何を）When（いつ）Where（どこで）Why（なぜ）How（どのように））の観点からそのドキュメントの性質を把握し、利用する場合はそれらを必要に応じて説明する。対象とする事象の事実を確認したり、作成者の意識や考えを確認したりすることができる。時間軸でドキュメントを整理することで、変化に着目した分析が可能となる。また、観察調査やインタビュー調査の知見を確かめたり、裏付けるために用いたりすることもある。

（2）参与観察法

　参与観察は、調査対象である集団や地域などの現場において、そこの活動者や生活者の一員となり、日常を共にして調査データを収集する方法である。外側からは捉えることができない事実を把握する方法である。調査研究の問いに答えるために適切な調査対象を選定し、相応しい集団や地域と出会い、信頼関係をつくるといった、データを収集する前段の準備に時間と労力が必要となる。観察を続けるなかで、対象とする集団等のなかの規則性や価値などを発見し、その確かさを確認することができればデータ収集の目的は完了となる。

　参与観察法では、自分の経験したことは、できるだけ早い段階でメモに詳細に記録することが重要である。事実の記録と同時に疑問点や、今後知りたいことの項目を整理しておくことが大切である。こうした記録を取ることをフィールド

ノートと呼び、参与観察法ではフィールドノートが調査の重要な証拠となるので、丁寧に記録し、また保管しておかなくてはならない。このデータ収集法の醍醐味は、調査集団などのなかで時間を過ごすことで調査者自らに社会や地域、あるいは問題の見え方に変化が起こり、そこから新しい問題意識や解釈が生まれることである。

（3）アクションリサーチ法

　調査者が調査対象である集団や地域において、その一員となり新しい活動を企画・実施する、そのプロセスを通して得られる情報を収集する方法である。新しい活動を企画する段階、実施する段階、実施後の評価、またこれらすべての段階をデータ収集の対象とする。昨今の社会実験を行うことによる政策・施策のエビデンスづくりや、評価検証の試みもアクションリサーチのひとつと捉えることができる。参与観察法が、調査者が知りたいことを調査する調査者の一方的な方法であることに対して、アクションリサーチは、調査者と対象者が同じ目標に向かって活動を生み・実践する点に特徴をもつ。地域デザインが扱うテーマのように地域ごとに異なる課題を解こうとする場合に、「やってみること」を通して、発見や問題点を探し出そうとする場合に有効である。

　この調査方法は、1回のアクションで調査が完了するだけでは十分ではない。1回目のアクションリサーチで得られた知見をもとに、問題点や改善点を整理し、より良い状況を生み出すために再度アクションを行うことで、改善点や改善のための仮説をより精度の高いものにしていくことが大切である。

（4）インタビュー調査法

　インタビュー調査は、調査者が調査対象者と対面し、質問したり言葉を交しながらデータを収集する方法である。見ているだけではわからない、調査対象者の主観的な意識や考えを知ることができる。定量的な調査の前に、問題の構造を理解するために該当する人にインタビューを行い、定量的な調査の分析枠組みを検討したり、回答者が答えやすい質問項目を作成したりすることもある。また定量的な分析を行い大きな問題の理解をしたのちに、定量的な分析の結果得られた対象地や対象者にインタビューを行うといったように、定量的・定性的な調査分析

方法を組み合わせることは一般的によく行われる。

　得られる情報はテキストだけでなく、調査対象者の声の質、表情、手や身体の動きなどの情報も含まれ、調査対象者の語りから得られるテキスト以外にも重要な情報がある。

　インタビュー調査は、目的に応じて、インタビュー項目の構造化の程度、また対象者を1人にするのか、集団にするのかを決める。構造化の程度には、①構造化インタビュー、②半構造化インタビュー、③非構造化インタビューがある。①は、どの対象者にも同じ質問を同じ順序で行う。調査票調査の対面版である。調査票調査を行いにくい対象者の場合や、地域（駅前の通行人、公園の利用者など）で行う場合などに用いる。②は、事前に大まかな質問事項を決めておき、回答者の答えによってさらに詳細に尋ねていく調査法である。調査者が主導しすぎてしまうと得られない情報を得ることができる。また、予定していた質問項目は対象者全員から得ることができるため、データの分析も行いやすい。ただし、自由度が高いことによりインタビューが主目的から逸れる可能性もあるため、主な質問項目とその意図を整理したインタビュー・ガイドを作成し、主目的から逸脱しないようにする必要がある。③は、調査の大まかな的はもつが、調査対象者との関係性やその場のインタビューの進展により、適宜質問をしていく。また対象者が調査者に質問をすることもある。

4　データの分析

　多様なデータがあればそれに対応した分析方法も多様にある。収集したデータは調査研究の目的に合わせて分析方法を選択したり、組み合わせて用いる。またデータの収集とデータの分析は密接に関係しており、一度作業を行えばよいというわけではなく、分析を行い、データが不足すれば追加でデータの収集を行うなど繰り返し行われることが少なくない。なお、これ以上対象を追加しても新たな結果が生まれない状態を「理論的飽和」といい、データの収集を終える基準となる。

（1）参与観察やインタビューにより収集したデータの分析方法
——コーディング、カテゴリー化

1）コーディングとカテゴリー化

　インタビューや参与観察により収集したデータを文字化し、次のような分析作業を行う。以下(1)～(3)をはじめ分析方法は様々にあるが、まず覚えてほしいのが、コーディングとカテゴリー化の作業である。

　文字化したインタビューデータの、調査研究の目的に関する記述の部分に、適切に言い表す単語や短い語句を表記していく。これをコーディングという。また、ここで付けるコードは暫定的なものであり、作業を続ける過程で適宜修正を加える。こうした初期のコーディングの作業を「オープンコーディング」という。回答者の観点と異なるコードを付けないよう細心の注意が必要である。表2は地域でボランティアをする高齢者にインタビューした記録にオープンコーディングをした例である。表2で調査した高齢者以外に、同様な立場の何人かにインタビューしていく際に、似通った意味をもつコードを発見するなど、コードの全体像を把握するなかで、分析における重要な論点が浮かび上がってくる。

　例えば表2の例でいえば、分析で明らかにしたいことが「高齢者のボランティアへの参加や継続のポイント」だとすると、それらに注目したコードを集め、集まったコードのなかで類似のものがあればそれらを包括する名称を表記する。このグループを「カテゴリー」と呼ぶ。この作業の意味は、個別具体的な意味を抽象化した概念へ昇華させることにある（図1参照）。ここで作成した一つひとつ

表2　オープンコーディング

インタビューデータ	オープンコーディング
そうですね。ここ学童にくる子どもたちから元気もらってます。それであの通学路も立って、朝、うちの孫をね、たって見てるんですけど、やっぱりね、近所の子がおはようございますってこっちからいわなくても、向こうから。毎日やってると、声かけてくれるんですよね。その、あのね子どもと私のような年寄りのおばあちゃんの交流の場ですかね。 　なかなかうちに入ってるとねそういうのがないもんですから。自分も含めて楽しんでます。元気をもらってます。ここに来るとね。学校の通学路でも元気もらって。まあ、お互いに、ああまた頑張れるっていう気になれるのかな。ほんとそうです。また明日も来ようて。	：子どもとの交流の機会 ：普段、子どもと接する機会がない ：元気をもらう

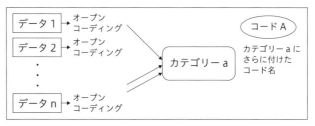

図1　コーディングとカテゴリー化

のカテゴリーの特性を深く理解することが極めて重要な作業となる。カテゴリー内のデータをいま一度観察し、カテゴリー内に小さなまとまり「サブカテゴリー」を作成したり、その過程を通して、欠けている情報を把握し、改めてデータを収集したりする。

2）カテゴリー同士の関係の考察

　調査対象である事象のカテゴリーが出尽くし、一つひとつのカテゴリー、サブカテゴリーの特性を深く理解できたら、次に行うのがカテゴリー同士の考察である。カテゴリー同士の関係を明確に示したものが「理論」となる。理論生成のためには、カテゴリー同士を仮説的に結び付けながら関係を整理する。この関係の整理が矛盾のない状態に達するまで繰り返し作業を行う。

　カテゴリー間の関係の整理をわかりやすく説明したものに三戸（2013）がある。そこでは関係の整理には次のような3つの段階「状況」→「行為・相互行為」→「帰結」があるとしている。「状況」は対象とした社会現象の原因や、その現象に影響を与える事柄を示すカテゴリーである。「行為・相互行為」は状況を受けて、人や組織などがどのように対処するのかを示すカテゴリーである。そして「帰結」は、「行為・相互行為」の結果、どのように状況が変化したのかを説明するカテゴリーである。「帰結」はさらに次の段階の状況にもなり得る。カテゴリー間の関係が見えてくれば、それが仮説となる。別のデータを収集し、ここまでの作業を繰り返し行い、仮説を検証・洗練したものが理論となる。

（石井　大一朗）

（2）KJ法

KJ法とは民族地理学の分野で川喜田二郎によって考案されたものとして知られており、何らかの問題提起から状況把握、そしてそれに対する解決方法のプロセスまでの一連の方法をいう。そのなかで、様々な問題をめぐって関係のありそうな情報を集め、定性的データとし、意味のわかるような全体像とするまでのプロセスが中核をなし、そのプロセスの全部や一部が、様々な調査、研究の場で用いられている。

1）様々な問題に関係のありそうな情報を集める

例えば、ある地域の問題を解決することを考えたとする。しかしながら、その地域では、暮らし、営み、自然、建築、産業、インフラなどが複雑に絡んで成り立っているため、何らかの問題は感ずるものの、何が問題なのかが明確にわからないことが多い。こうしたときに、KJ法は力を発揮する。

KJ法では、まず、自分あるいは自分たちが、地域の問題だと感じていることに関係のありそうな事柄を全部列挙してみることから始める。そして、ここで挙げられた地域の事柄について、関係がある、あるいはありそうな事柄をさらに集めることで、可能な限り多角的な角度から多様な情報を集める。そして、地域のフィールドに出て、ドキュメント調査法やインタビュー調査法を用いて、個別の事象を観察し、記録して情報を収集する。こうして、その地域の問題だと考えられる事柄に関連しそうな情報を可能な限り多く集める。この段階で地域の問題として集められた情報は、例えば、その地域の生業、土地利用方法、建築様式、選挙方法など、一見相互に関係のなさそうな内容のものも含め様々な水準で多岐にわたる内容のものであり、構造化されていない曖昧模糊とした集合となっている。

2）定性的なデータとする

次に、集められた情報は、地域の問題に関連する事柄について、一つの内容だけでなく、いくつかの内容が記述されたものもある。いくつかの内容が記述された情報については、意味内容のわかる最小の単位へ解体することで、情報に記述された内容同士を比較する準備を行う。そして、それぞれの単位に、その意味内容を要約した一言の見出しを付ける。こうして単位化された意味内容と一言の見出しを、一つずつ1枚の紙片に記載してデータ化を行う。

3）意味のわかる全体像を見出す

そして、定性化されたデータを用いて、集められた情報を統合化していくことで、意味のわかる全体像を見出していく。先にも述べた通り、集められた情報は、同じ水準に属する意味内容ばかりではない。様々な水準に属する意味内容を統合化していく方法論であることを深く認識しておく必要がある。

写真1　意味内容の近さに応じた配置作業風景

この段階では、まず、作成された紙片群をテーブルの上で広げて並べることから始める。そして、記載されている一言の見出しの意味内容の近い紙片をみつけて、それらを一か所に集めていき、小チームを編成していく。このとき、その小チームと意味内容の大きく異なる紙片は、テーブルの上でも距離をとって配置するなど、意味内容の近さに応じた空間配置にすることが重要である。

こうして、小チームの編成が一通り終わったら、同様にして、小チーム同士を集めて、中チームを編成し、さらに中チーム同士を集めて、大チームを編成するというボトムアップの手続きを踏む。こうすることで、地域の問題の大枠のカテゴリーが浮かび上がってくるのである。ここまで来たら、地域の問題の大枠のカテゴリー同士の因果関係や対立関係などを矢印にして図に記載すれば、地域の問題を構造的に把握することができるようになる。これを前提にして、地域の問題の大枠のカテゴリーにおいても、どのような意味の内容で構成されているかについて、文章化を行う。

そして、これまでのプロセスを繰り返し行うことで、ある地域の問題を知ることができ、解決方法の提案へ向けた検討が行えるようになる。

（大嶽　陽徳）

（3）その他の分析方法
1）修正版グラウンデッド・セオリー・アプローチ（M-GTA）

GTA とは、「人々の時間的な経過にともなう意識の変化を分析するのに相応しい分析方法」である。例えば、地域のまちづくりボランティアに参加する人が、

参加を始めた頃と、しばらくした後とで、どのように意識の変化があったのか。またそれはどのような段階でどのような理由で起こったのかを把握することができる。GTA はデータに密着した分析から独自の理論生成を可能とする質的分析法で、グレーザーとストラウスが 1967 年に出版した *The Discovery of Grounded Theory* を原点に置く。その後、様々な方法が生まれたが、木下康仁が 2003 年に整理した修正版グラウンデッド・セオリー・アプローチ（M-GTA）が扱いやすい。M-GTA では、調査目的に適した 10 人程度以上に 1〜2 時間の半構造化インタビューを行い、文字起こしをしたテキストデータを用いる。M-GTA ではこの後に行うコーディングの作業が大幅に見直され、「文脈の中での意味の解釈を重視するためテキストデータを切片化しないことが特徴」である。

2）内容分析

　新聞記事、放送、小説、手紙、ブログの書き込みにおけるメッセージを、テキストデータを通して客観的かつ体系的に分析する方法のことである。例えば、①誰に対して何が発せられているかを問うことにより、メッセージの特性を把握する。②なぜ、そうしたメッセージが生み出されたかを問うことにより、それが生まれる背景や先行条件の推論を行う。③発せられたメッセージがどのような影響を伴うかを問うことにより、その効果に関する推論を行う、といった分析目的がある。

　内容分析には、他の質的分析とは異なる以下の特性がある。直接インタビューしたり調査票調査をしたりする場合は、回答者との関係で、質問者の期待に応えようとしたり、過剰な意思を伝えてしまうことがあるなど、回答内容が変化してしまうことがある。また例えば、政治上の考え方は、首長や政治家に直接聞く機会をもちにくいし、調査の目的によっては調査に応じてくれない。さらに、調査対象者が答えにくい内容や調査対象者が自覚していないような内容については、インタビューや調査票調査では十分な回答を得られない。

　このように、直接のインタビューや調査ができない場合、あるいはしない方がよい人々を対象とする場合に向いているのが、内容分析である。具体的には新聞記事や本人が発信するブログ等の SNS の内容を調査することになる。すでに亡くなった人や、立場を変えた人（元政治家、元自治会長などの当時の発言を分析するなど）についても分析することができる。逆に直接インタビューをした方がよ

い場合などは向かない。

　歴史的に見ると、第二次世界大戦中に敵国の国民への放送内容を分析するなど、プロパガンダ（主に政治的思想や意識の誘導を意図する行為）のための分析で用いられた。その後、大衆市場や世論の掌握を目的として新聞記事を対象とした実証的研究が盛んとなった。現在は、マスメディアをはじめ、経営学、情報処理、歴史、教育学、福祉学など幅広い分野で用いられている。最終的に量的な分析を行うことも可能であり、テキストマイニングにも応用可能である。

　内容分析の基本的な手順は次の通りである。新聞記事、ブログ記事から、意味内容のある文脈を抽出し、カテゴライズ（コーディング）し、概念（要因）を抽出しネーミング（命名）する。収集するデータや、コーディングにおいて、記事であれば大きさや文字量、会話であれば強弱や時間なども記録する点がM-GTAとは異なる。データの分析枠組みは、調査の目的に応じて分析者自身が考えなくてはならない。例えば、まちづくりにおける景観保全活動を行うボランティアグループの活動の記録を記したブログ記事の分析では、①活動に関する肯定的な発言（乱開発の防止や計画の改善など）、②否定的な発言（開発者や自治体に対する反対意見など）、③中立的な発言（対象地の現状や活動の紹介など）、④その他の発言（法制度の紹介など）である。これらにより活動内容の特徴を明らかにする。

3）ライフヒストリー分析

　調査対象者がそれまでに生きてきた人生について自由に語り、それを調査者が時間をかけて聞き取ることになる。調査対象者は、その社会やコミュニティ（男性、女性、年齢集団、外国人、階級、職業集団など）を代表する人物像を提示する。分析により何らかの法則性が見出される可能性もある。しかし法則性を見つけることのみがライフヒストリー分析の目的というわけではない。社会科学では、調査研究の多くが社会構造を優位に置く視点が強調されがちではあるが、ライフヒストリー分析では、むしろ主体的行為者である個人の視点が重視される。ライフヒストリーは、生活史あるいは個人史として、個人の生活の過去から現在に至るまでの記録である。ライフヒストリーは、個人の行動パターンを数量化したり分類したりすることではなく、社会的行為者（個人）の主観的見方を明らかにし、人間行動を理解することを目的とした分析方法である。

4）会話分析

　会話分析は、例えば、介護する人と介護される人の会話のように、人々が言葉を交わしている場面を録音・録画し、その分析を通して、対象とする社会やコミュニティについて考えていく手法である。会話分析の対象は、日常会話だけでなく、医療や福祉、司法など行政サービスや制度上でのやり取りに関する会話まである（詳しくは PART Ⅲ Chapter 1-A-5「遠距離介護の会話分析」を参照されたい）。

（4）質的調査の応用——解決策提案と社会実装に向けて

　地域デザイン科学は、社会的な営みである調査研究の成果を積極的に地域社会や現場に還してゆくことも重要である。還すことは、地域デザイン科学の領域では何らかの課題の解決に資する知見を提供することや、提供の結果、社会的な制度や仕組み、事業を展開することを意味する。こうした「還す」ことを通して、調査研究の検証や新しい問題発見に結び付くこともある。ここでは、特に質的調査で得た理論生成や社会現象の解明の結果をどのように「還す」ことができるのかを整理する。

　盛山和夫（2004）は、質的調査で得られる知には、①記述知（「どのようになっているか」という問いへの解）、②説明知（「なぜそうなるのか」という問いへの解）、③実践知（「どうすればよいのか」という問いへの解）の3つのかたちがあると述べている。

　次に、「還す」ことの意味について稲月正（2013：193-205）を参考に要点を確認する。ここでは「実践知」の2つの側面に着目している。一つは、「施策の立案」である。新しい領域や、新しい観点からのアプローチが必要な問題領域、例えば子どもの貧困や外国人との共生などにおいては、量的な調査やランダムサンプリング（母集団のなかからランダムに標本を抽出する方法であり、サンプル数が人や世帯などのように大きいときに有効である。無作為抽出ともいう）を行いにくく、また既存の理論や仮説が乏しい。こうした場合は、先進事例などを通して質的調査・分析から得られた知見をもとに仮説や解決策を導出し、制度や事業として設計・計画、実践していくことになる。もう一つは、「セラピーやケア」である。直接的に目の前の個人や困難をもつ人たちへ働きかける方法やノウハウを普及・移転し、より良い状態の実現に役立てることができる。

まちづくりや地域デザイン科学は専門家によるものだけでなく、市民や地域団体、NPO といった立場の人々が調査分析の技術を習得し、実践することでより持続的なものとなるだろう。固定的な立場からの知見のみで解決できることは限られている。問題や現場に近い人たちこそが目の前の事象や問題と向き合う手がかりを、質的な調査分析は教えてくれる。

参考文献

有馬明恵（2021）『内容分析の方法（第2版）』ナカニシヤ出版

稲月正（2013）「質的調査の応用とは何か」谷富夫・芦田徹郎編『よくわかる質的社会調査・技法編』pp.193-205、ミネルヴァ書房

川喜田二郎（1967）『発想法』中公新書

木下康仁（2020）『ライブ講義 M-GTA 実践的質的研究法──修正版グラウンデッド・セオリー・アプローチのすべて』弘文堂

盛山和夫（2004）『社会調査法入門』有斐閣

谷富夫（2008）『新版　ライフヒストリーを学ぶ人のために』世界思想社

三戸由恵（2013）「カテゴリー同士の関係をとらえる」才木クレイグヒル滋子編『質的研究法セミナール（第2版）』医学書院、pp.152-153

柳沼晴香・石井大一朗（2021）「修正版グラウンデッド・セオリー・アプローチを用いた小学校と地域の協働活動における高齢者ボランティアの意識変容の分析」宇都宮大学地域デザイン科学部研究紀要『地域デザイン科学』第10号

（石井　大一朗）

Chapter 5

知っておきたい技法④
量的分析

🔑 keywords　回帰分析　重回帰分析　テキストマイニング

1　量的調査とは

　ここでは、量的調査はどのような場面で必要とされるのか、量的調査の意義を確認し、また地域デザイン科学の領域で扱う量的データにはどのようなものがあるのかを把握する。

2　回帰分析

（1）相関分析

　一般的に使われている相関係数は、専門的には積率相関係数と呼ばれ、ピアソンの積率相関係数と呼ぶこともある。これは、比例尺度や間隔尺度の相関関係を表現するのに適した相関係数である。順序尺度でも積率相関係数を計算して相関関係を論ずることがあるが、あまり良い方法ではない。順序尺度の場合、尺度の数字自体には順序性の意味しかなくて、四則演算には不向きである。例えば、1位と2位の差と2位と3位の差、157位と158位の差は全部同じ間隔といえるのかというと、僅差の場合もあれば大きな差の場合もあり得る。これを厳密に考えると分析が辛くなる場合がある。そこで、順序尺度ではあるが、間隔尺度的に扱うケースもある。例えば、アンケートなどで順序性のあるデータを取るとき、7件法以上（7段階以上に分かれている場合）であれば、概ね間隔が一定になっていると考えることがある。

1）無相関の検定

　積率相関係数の検定はどのように行うのか。相関関係があるかないかを検定するというのが一般的である。相関係数が0.5ならいいとか、0.8で十分であるというような明確な基準は正直ない。統計学的に判定できるのは、相関の有無の検定と、相関係数がいくつ以上、もしくはいくつ以下かどうかの検定だけである。

前者が一番よく用いられている検定で、無相関の検定という。帰無仮説は相関係数が 0、つまり、相関がないというものである。対立仮説は相関があるというものになる。対立仮説として正と負のいずれの相関を考慮してもいい場合は両側検定、正か負かどちらかだけを考えたい場合は片側検定となる。

　なお、後者の場合の検定、例えば相関係数が 0.5 以上かどうかを検定したいという場合は、帰無仮説を「相関係数は 0.5 である」、として、片側検定を行うことになる。

2）欠損値の処理

　アンケートで無回答の部分や判読不能やルール違反の回答、例えば 1 個選ぶところに 3 つ選択している場合にどう処理するのかを考える。その回答者のデータを丸ごと除外するのがケースワイズという方法である。相関を調べる 2 つの変数のペアのなかで抜けのあるペアだけ除外するというペアワイズという方法もある。例えば、回答者番号 50 番の人が設問 A のところだけ無回答だったとする。ケースワイズなら、50 番の人のデータは丸ごと分析対象から除外する。ペアワイズなら、ペアごとに判断なので、設問 A と設問 B の相関のときとか、設問 A と設問 C の相関の計算のときには 50 番は除外、設問 B と設問 C の相関の計算のときは 50 番のデータも使用するという方法である。

　取得したデータをなるべく使いたいという場合はペアワイズになるが、おすすめするのはケースワイズである。なぜかというと、アンケートにおいて欠損箇所のある回答者は、その他の回答項目の信憑性も乏しくなるからである。もちろん、きちんと回答していることもあり得るが、急いでいたりよく質問を読んでいなかったりして欠損値が生じている可能性もあるので、無効票として処理したほうが無難である。

3）色々な相関係数

　通常、相関係数は、ピアソンの積率相関係数のことを指す。

　ただし、この積率相関係数では、検定を行う際には正規分布を想定することになる。しかしながら、相関を調べたい変数が正規分布に従うとはいいがたいケースもあり得る。そのケースの解決策として、順位相関係数というものが提案されている。比例尺度や間隔尺度であり正規分布からはかけ離れていそうな場合、例えば外れ値があるとか、そういう場合には順位相関係数を用いる。順序尺度の

データで、間隔尺度と解釈が難しいデータの場合にも、この順位相関係数を使うことが多い。

　順位相関係数を出すためには、まずデータを順位付けする。相関を調べたい2データ群のそれぞれのデータについて順位を付ける。例えばそのデータ群が、身長のデータと体重のデータであった場合、身長の高い順、体重の重い順とそれぞれの順位を付ける。身長の順位が上位の人は体重の順位も上位になりがちなのか、それとも下位になりがちなのか、無関係なのか調べるというやり方である。

　ピアソンの積率相関係数にて無相関の検定を行う場合はパラメトリック検定、順位相関係数にて無相関の検定を行う場合は、正規分布の仮定を置かずに計算をしていくのでノンパラメトリック検定となる。

（2）回帰分析の基礎

　平均の差の検定や分散分析のように同じ種類のデータで複数の母集団を比較するということではなく、軸の異なる複数のデータの関係を考えることがある。つまり、異なる変数で考えるということである。回帰分析とよく似ているのが相関分析である。相関分析では、正の相関、負の相関、その関係は有意かどうかを分析する。この分析により2つのデータの間に関連があるかどうかを見ることができる。同様に、独立性の検定も2つの軸でデータで分析することで、2変数間の独立性を検定することができる。回帰分析は、このようにデータの関係性を見るのではなく、データの関係を定式化しようという手法である。

　回帰分析というのは、ある変数を他の変数で説明する式を作る方法である。説明される側の変数は、目的変数や従属変数または被説明変数という。説明するのに使う側の変数は、独立変数や説明変数という。

　回帰分析の場合、説明変数の値を決めると、被説明変数の値が決まるという1対1の対応関係を想定して考えている。回帰分析の基本パターン、線形回帰分析といわれるものは式（2-1）のようなものである。

$$y_i = \alpha + \beta_1 x_{1i} + \beta_2 x_{2i} + \beta_3 x_{3i} + \varepsilon_i \tag{2-1}$$

　線形式とは、一次関数の式のことである。式（2-1）は、3つの説明変数からなる線形式であるが、説明変数の数は何個でも構わない。各文字の右下に添えられ

た数字は、説明変数の番号を示している。1つ目、2つ目、3つ目ということである。数字の隣に添えられたアルファベット i はサンプルの番号を示している。サンプル数が50個であれば、i には1から50の数字が入る。つまり、サンプルごとに、この等式が成立するということとなり、この場合には50個の等式ができるということである。しかしながら、実際には誤差があるので、その誤差を示す ε（イプシロン）というギリシャ文字を最後に足して等号が成り立つようにしている。なお、α（アルファ）と β（ベータ）はパラメータといい、α は定数項という。

1）単回帰

単回帰とは、説明変数が1個だけの線形回帰分析で、回帰分析のなかで最も単純なものである。

$$y_i = \alpha + \beta x_i + \varepsilon_i \qquad (2\text{-}2)$$

式（2-2）は、シンプルな構造の回帰分析であるが、それでも右辺には3つの項がある。α は定数項、β は係数に相当するパラメータ、ε は誤差項である。添えられた字の i はデータ番号を示し、データごとに異なる値をとることを意味する。α と β が1つに決まることで、回帰分析結果の $y = \alpha + \beta x$ という式が1つに決まる。この α や β の値を決める作業が、回帰分析である。

観測によって得られたデータを説明できる α と β の値を決めていくが、データには誤差が存在するため、できるだけ誤差が小さくなるように計算する。算出された値は統計学的には推定量である。つまり、これが最も良さそうだと推し量った値で、統計学では、推定量であることを示す記号として文字の上に山型の記号（ハット）を付ける。この $\hat{\alpha}$ と $\hat{\beta}$ を使って作られた式（2-3）のことを回帰直線という。

$$y = \hat{\alpha} + \hat{\beta} x \qquad (2\text{-}3)$$

ここで、誤差は、理論値と観測値の差であると定義されている。観測値は実際に取れたデータであり、理論値は真の α と β の値を用いて算出された値である。真の α と真の β は先ほどのようなハットは付けない。実際の y の値から $\alpha + \beta x$ を差し引くと、誤差 ε が算出される（式（2-4））。

$$\varepsilon_i = y_i - (\alpha + \beta x_i) \qquad (2\text{-}4)$$

手元にあるサンプルデータから最善を尽くして求めた α と β、正確にいうと、$\hat{\alpha}$ と $\hat{\beta}$、これを使って回帰式を書き直すと、式（2-5）になる。このとき、$\hat{\alpha}$ と $\hat{\beta}$ を使って求めた y の値、これは $\hat{y}$ になり、予測値と呼ぶ（式（2-6））。

$$y_i = \hat{\alpha} + \hat{\beta} x_i + e_i \tag{2-5}$$

$$\hat{y}_i = \hat{\alpha} + \hat{\beta} x_i \tag{2-6}$$

　予測値と実際の実績値との差は、残差という。誤差と残差は理屈上では異なるものであり、誤差は ε、残差は e を使う（式（2-5））。

2）最小二乗法

　α と β の値を求める手法は2つある。1つ目の方法は、誤差の二乗和の最小化を実現するように値を決める最小二乗法（OLS（Ordinary Least Squares））である。他方は、最尤法である。この方法は、最も尤もらしい値を探すという考え方であり、観測されたデータの出現確率を最大にするようにパラメータを決めていくという方法である。

　線形回帰分析では、最小二乗法を使うが、被説明変数が名義尺度や順序尺度になる回帰分析（ロジスティック回帰分析、ロジットモデルなど）の場合には、最尤法が使われる。

3）推定結果の解釈

　推定結果で、見るべき第一のポイントは、有意性の検定結果である。パラメータ値が0で棄却できると、その説明変数が無意味ではないという判断ができる。もう一つは、パラメータの符号条件である。パラメータの符号がプラスであれば、y と x の間には正の相関、マイナスなら負の相関となる。有意な結果が得られても、符号が仮説と逆になっていたら、そのような回帰分析結果は使えない。その場合には、データをよく見直したり、データのとり方を再考したり、仮説を改めて考え直さなければならない。

　もう一つ重要なのは、決定係数である。これは、回帰直線でデータの値をどれだけ説明できているかを示すものである。回帰式の右辺には、$\hat{\alpha} + \hat{\beta} x$ と、残差の e があるが、誤差項が大きく、式において大いに役立っているような回帰式は何も説明できていない。できるだけ、残差はごくわずかで、$\hat{\alpha} + \hat{\beta} x$ の値がほぼ y に一致しているような式が望ましい。それを、回帰式のあてはまりや、フィッティ

ングといい、決定係数で判定する。決定係数の値について、いくつ以上がよいとする明確な条件はない。時系列的に推移するデータの分析で、ずっと増えているとかずっと減っているという単純な傾向のものを扱う場合は、データに関連性がなくても計算上の相関が大きくなり、決定係数が簡単に 0.9 やそれ以上になる。

一方、個人差があるデータや、地域差があるデータを扱うときは、決定係数が 0.1 とか 0.2 などと低くなってしまうこともあるが、ある程度は説明できたと納得する場合もある。

（3）重回帰分析

1）重回帰分析とは

重回帰分析とは、説明変数が 2 個以上ある線形回帰分析である。説明変数が 1 個だと単回帰、2 つ以上は重回帰分析、というのが標準的な定義である。しかしながら、本質的観点からいうと、説明変数の候補が 2 つ以上であれば、事実上は重回帰分析である。というのも、説明変数の候補となったものを全部回帰式に入ればよいということでもなく、除外すべき説明変数もある。このように、複数の説明変数から取捨選択していくのが重回帰分析である。最終的に採用された説明変数が 1 つで、最終的な回帰式が単回帰の状態だとしても、プロセスの部分では重回帰分析の知識、技術を使わないといけない。

重回帰分析のモデル式は、式（3-1）のようになる。これは説明変数が 3 つの例である。

$$y_i = \alpha + \beta_1 x_{1i} + \beta_2 x_{2i} + \beta_3 x_{3i} + \varepsilon_i \tag{3-1}$$

説明変数の数が増えると、式が長くなってしまうという問題があるため、シグマ記号を使ったり、ベクトルや行列の表記を使ったりする。

$$y_i = \alpha + \sum_{k=1}^{n} \beta_k x_{ki} + \varepsilon_i \tag{3-2}$$

例えば、シグマを使う表記法なら、式（3-2）のようになる。説明変数が 5 つあるなら、シグマの上の n が 5 になる。

説明変数をグループ分けして表記したい場合もある。例えば、個人属性に関する変数と地域属性に関する変数でグループ分けるときには、グループで文字を分

けて表記する場合もある。説明変数を x のグループと z のグループに分けて表記したのが式（3-3）。式（3-4）は、2つのグループのほか、t という文字で表された変数だけが特に重要な場合の例である。

$$y_i = \alpha + \sum_{k=1}^{n} \beta_k x_{ki} + \sum_{l=1}^{m} \gamma_k z_{li} + \varepsilon_i \qquad (3\text{-}3)$$

$$y_i = \alpha + \delta t_i + \sum_{k=1}^{n} \beta_k x_{ki} + \sum_{l=1}^{m} \gamma_k z_{li} + \varepsilon_i \qquad (3\text{-}4)$$

式（3-5）は、ベクトルと行列を使った表記である。

$$y = x\beta + \varepsilon \qquad (3\text{-}5)$$

高校数学では、ベクトルは文字の上に矢印を付与するが、より一般的な表記法は太文字で表す方法である。式（3-5）の場合は、y と ε はサンプル別の数値を並べたベクトルを表し、β は、説明変数別の係数を並べたベクトルを表す。そして、x は説明変数別にサンプルの値を並べた行列を表す。この表記法は、スペースの都合で冗長にならないようにしたいという場合や、上級者用の教科書で、証明の数式展開をすっきり表記したい場合によく使われる。

2）推定結果の解釈

説明変数の係数と定数項の推定結果が得られたとする。考察の際に、t 値や p 値、符号条件を単回帰と同様にチェックする。しかしながら、複数の変数があると、一番重要な変数がどれかということも気になる。各変数の値が1だけ変化すると、得られた係数の値の分だけ y が変化することになる。そこで、変数同士の影響力を比較するのに使う方法が標準化であり、標準化した状態での係数の値が、標準偏回帰係数である。この値の絶対値が大きいほど、y の値への影響の大きな変数となり、つまり、よく効いている重要な変数ということになる。

また、単回帰では決定係数を確認した。重回帰分析では、決定係数の代わりに、自由度修正済み決定係数を確認する。説明変数を増やせば増やすほど、回帰式がデータの様子を説明する能力は向上し、誤差が減っていく。しかしながら、回帰分析は、たくさんあるデータをいかにシンプルな式で表すかが重要である。説明変数が少なすぎて、式で説明できている部分が少なすぎる場合には、変数を追加するほうがよい。とはいえ、適切な変数となるようなもののデータがとれていない場合もある。いまあるデータのなかに変数として使えるものがあるのな

ら、それを使うかどうかを判断する。例えば、男性のサンプルはプラスの誤差、女性はマイナスの誤差という傾向がはっきり出ているのなら、性別を表す変数を加える必要がある。このように、理屈がある程度通る説明変数を選ぶことが重要である。それを判断をするときに使う指標のひとつが、自由度修正済み決定係数である。ほかにも、赤池情報量基準（AIC）、ベイズ情報量基準（BIC）を用いる。

3）ダミー変数

　説明変数にもともとは数値ではない名義尺度を採用したいときにはどうするのか。説明変数に名義尺度を使いたいという場合は、結構多い。年齢層での違い、特に、高齢者かそうでないかで異なるというケースも多い。A か A でないか、というケースだけでなくて、A か B か C か、というような場合もある。そういうものを説明変数として回帰分析に用いるときに使われる技術が、ダミー変数である。これは、条件にあてはまるサンプルは 1、あてはまらないサンプルは 0、という値をとるという考え方である。高齢者かどうかを考慮するなら、高齢者なら 1、そうでない場合には 0 となる高齢者ダミー変数を用いる。

4）ダミー変数の線形結合

　ダミー変数を用いるときには、線形結合に注意が必要である。線形結合とは、ある変数を他の変数の 1 次式で表せる状態のことである。仮に、男性ダミー X_m と女性ダミー X_w を同じ回帰式の説明変数に同時に入れたとしたら、$X_m = 1 - X_w$ が必ず成り立ってしまう。男性なら左辺 =1 が右辺 =1-0=1 となり、女性なら、左辺 =0 が右辺 =1-1=0 となり、それぞれでこの等式は成り立ち、男性ダミーと女性ダミーの関係が 1 次式の等式で表現できてしまう。こういう関係にある変数を、説明変数に同時に入れると、回帰分析の計算ができない。線形結合を避けるためには排反事象（同時に起こらない事象）かどうかをチェックすることが重要である。

5）男性ダミーか女性ダミーか

　ダミー変数というのは、他の説明変数では説明しきれないサンプルという意味合いをもっている。男性ダミーという場合は、女性が基準で、女性ではない男性のデータを説明するために用意するものである。

　ただし、その他とか、無回答、というのがある場合、それらをすべてダミー変数の名前にするのはわかりにくいので、その他や無回答が基準となることがあ

る。男性、女性、その他で、その他の回答数がある場合には、男性ダミーと女性ダミーを両方設けて、その他を基準にするということもあり得る。

6）順序尺度のダミー変数化

説明変数に順序尺度を使いたい場合はどうすればよいか。順序性はあって数字にしやすいけれど間隔尺度というわけでもない、という順序尺度のかたちで得られる情報は、社会調査において特に多い。5段階評価になっている5件法の質問の結果などである。論文等に載せるときには、どの回答にどの数字が対応しているかを正確に説明し、ポジティブな回答のほうに大きい数字を対応させるのが一般的である。しかしながら、順序尺度は間隔尺度ではないので、すべてにダミー変数を用意することがある。全部を説明変数に入れると線形結合を起こすので1つ外す。ただし、これだと5件法の場合には、説明変数として4つも追加されてしまうことになる。説明変数が多くなると、それだけ推定する係数の数が増える。また、サンプル数が相当多くないと、係数の推定結果が悪くなることから、サンプル数との兼ね合いでダミー変数の数を判断する。サンプル数が少ないときには、間隔尺度として扱う場合もある。

7）多重共線性

量的分析の際に陥りやすい問題として、多重共線性、マルチコの問題がある。これは、説明変数同士に、強い相関関係を有するものがあると、分析結果がおかしなことになるというものである。

線形結合のケースは、前述の通り計算自体が不能になってしまうため、絶対に避けなければいけない。もう一つの落とし穴は、ダミー変数で1になるサンプルや0になるサンプルが1個や2個などごく少数、つまり、1と0の偏りが非常に大きいものが複数ある場合である。例えば、少数派のサンプルが1個というダミー変数が2つあり、それぞれの少数派の回答が同じサンプルの回答だった場合にも、線形結合になってしまう。もう一つのケースは、意外と多いのだが、説明変数同士で相関がとても強い場合である。対処法としては、相関の強い変数のペアのうち一方を説明変数から外すというのがシンプルである。ただし、相関がそれなりに強い変数が何個もあるような場合、まとめて1個の変数に合成する。技術的には、主成分分析や因子分析という方法で変数をまとめることが多い。

規模を表す変数同士の場合には、相関が高くなりやすいことがある。そのよう

なときは、その変数を、変化率や、比率のデータで置き換えるという対処法もある。

多重共線性のチェックの際には、VIF（Variance Inflation Factor、分散拡大係数）やトレランス（tolerance、許容度）という値を見る。VIF が 10 以上はアウトと考えてほしい。そこまでではなくても、相関がある程度あると多重共線性による悪影響が出てくることがあるので、VIF が 3、4 くらいであっても、相関が気になる変数があるときには、対処したほうがよい。

8）過少定式化、過剰定式化

多重共線性に対処した上で、さらに、変数の絞り込みや追加を考える。

回帰式の説明変数には、必要なものを全部入れ、不要なものは入れない、というのが理想である。しかし、なかなか理想的にはいかない。回帰分析のときには、たまたまとれたデータを使って行うため、理想の答えを導ける保証はない。

仮に、説明変数が不足している場合、これを過少定式化という。重要な説明変数が不足している状態である。その場合、残差に偏りが出てしまい、回帰分析結果の信頼性が損なわれる。また推定された係数の値が不偏推定量とならないという問題が生じる。つまり、分析結果が偏りをもってしまい、信用できない結果となる危険性があるのである。

一方、説明変数が多すぎるのも問題である。データの誤差にすぎないものを、本来は無関係な説明変数を取り入れ分析してしまう状態になるので、誤った考察を行ってしまうことになりかねない。

そもそも、回帰式に入れるべき変数のデータがとれない、とれていない、という状況もあり得る。その場合は、過少定式化になってしまうのはある程度仕方がない。データがとれている変数の候補を使って、その条件下でのベストな回帰式を探すということを考えたい。

具体的には、目的変数を説明するのに有効そうな変数を採用し、役立っていない変数を除外すればいいのだが、変数の候補が多い場合はこれをやみくもに行うと本来必要な変数を除外してしまう恐れがある。そのため、変数として採用する、除外する際のルールを作って、効率的に作業を進めるようにすることが重要である。

９）変数選択、モデル選択の方法

　変数選択の方法には以下のようなものがある。変数がない状態から、条件を満たした「役立つ変数」を追加していき、これ以上追加できる変数がないというところでやめる変数増加法。逆に、変数を全部入れた状態から、条件を満たした「役立たない変数」を除外していき、これ以上除外できる変数がないというところでやめる変数減少法。さらに、追加と除外の両方の条件を設定し、追加も除外ももう必要ないところまで行う変数増減法や変数減増法、などである。

　では、どのような条件で追加や除外を行えばよいのだろうか。一般的にはF検定を使い、F値が設定した値以上に変化した場合に、追加や除外を行う。このような方法を、ステップワイズ法という。ステップワイズ法で得られた結果と、変数の追加除外を繰り返して、変数の候補が少なくなったときに、追加や除外をやるかやらないかは、AICや自由度修正済み決定係数もよく見比べて、最終判断するということが多い。ステップワイズ法では、F検定だけでなく、t検定を使うこともある。これは、各変数のt値やp値の基準値を決めて、追加や削除をするというものである。

　仮説や研究目的、先行研究等での知見、その分野で得られている変数同士の理論的な関係、といったことを考慮するなら、重要な説明変数を勝手に除外されては困る。そういうときには強制投入法が有効である。用意した変数を全部使うという方法である。その上で、結果を見ながら、除外しても差し支えない変数か、変数の除外をすべきかを検討していくことになる。

10）系列相関

　系列相関とは、隣り合うサンプルで誤差項に相関が生じてはならないにもかかわらず、あるサンプルの残差がプラスなら、隣のサンプルの残差もプラス、という傾向がある場合のことをいう。分野によっては自己相関という呼び方をすることもあるが同じものである。このような問題が出やすいのは、時系列データ（時間の流れに沿って取っている、毎年や毎月などのデータ）を回帰分析する場合である。

　特に、時系列の時間の刻みが細かくなるほど、前の期の情報を引きずりやすくなるので、系列相関が起こりやすくなる。時系列の刻みを細かくすると過去を引きずって変化が少なくなる一方で、時系列データのなかには、細かく区切るほど

変化が大きくなり、データが暴れすぎて分析が難しいというものもある。例えば、株価は秒単位、分単位で動いているが、これを月単位や年単位にすると、ある程度振れ幅を丸められるというイメージである。まずは、分析をする前に、そのデータの癖を知ることから始めることも重要である。系列相関の有無を判定する際には、ダービン・ワトソン検定のダービン・ワトソン比というものを使う。D.W. と書くこともある。この値は、0 から 4 の間の値をとり、2 前後なら系列相関なしと判断され、0 や 4 に近付くと、系列相関ありと判定される。

（阪田　和哉）

3　テキストマイニング

（1）テキストマイニング

1）テキストマイニングとは

テキストマイニングとは、文字の並びや使われている文字の関係を数学的に分析する方法である。小説のようなとても長い文章もテキストマイニングの対象になり、報告書のような数ページの文章もテキストマイニングすることができる。SNS に投稿された文章やアンケートの自由記述などの短い文章からも、文字と文字の関係性を読み取ることができる。

2）テキストマイニング×長い文章

長い文章にテキストマイニングが使われた例として有名なのが、劇作家のウィリアム・シェークスピアは存在せず、哲学者のフランシス・ベーコンのペンネームがシェークスピアだったとするシェークスピア＝ベーコン説である[1]。結論からいうと、テキストマイニングのひとつである計量文献学による分析では、シェークスピア＝ベーコン説は否定されている。

ウィリアム・シェークスピアは、"To be , or not to be" で有名な、イギリスの劇作家であり詩人である。他方、フランシス・ベーコンは、シェークスピアと同年代のイギリスの哲学者、法学者、政治家である。なぜシェークスピアの存在自体が疑われ、その代わりにシェークスピア＝ベーコン説が出てきたのだろうか。それは、シェークスピアの作品のなかに書かれている法律や音楽、医学や船などの専門知識が非常に豊かで、1 人の人が情報を集めたというにはあまりに知識が豊富であり、さらにあまりに正確に専門知識を使いこなしていたことによる。ま

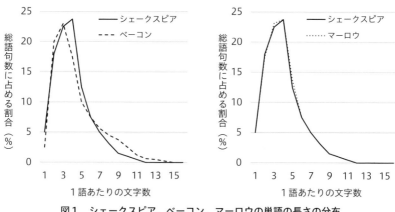

図1　シェークスピア、ベーコン、マーロウの単語の長さの分布

た、ベーコンは 12 歳でケンブリッジ大学に入学したほどの秀才で、シェークスピアの作品に登場するような法律を大学で学んだのに加え、宮廷生活に関する知識も身に付けていた。こうしたことから、フランシス・ベーコンのペンネームがウィリアム・シェークスピアだったという説が生まれたのである。

　シェークスピア＝ベーコン説に対し、テキストマイニングの結果は明らかに"No"を示している。図1は、テキストマイニングのひとつである計量文献学の手法を用いて、シェークスピア、ベーコンそして同じ時代の劇作家であるクリストファー・マーロウの戯曲や著作の数十万語について、1語あたりの文字数とその文字数の占める割合について分析したものである [2]。その結果、シェークスピアは 4 文字の単語を最も多く使う傾向があるのに対し、ベーコンは 3 文字からなる単語を最も多く使う傾向があることが示された。このような傾向から、テキストマイニングの視点からは、シェークスピアとベーコンは別人であると考えられている。その一方で、同じ研究のなかで、シェークスピアとマーロウの単語のスペクトルがほぼ同じであったことも明らかにされている点は多くの関心を引いた。

3）テキストマイニング×短い文章

　短い文章にテキストマイニングが使用された例として知られているのが、1984年に起きたグリコ・森永事件 [3] である。この事件では、江崎グリコの社長が誘拐され、大都市のスーパーに青酸ソーダの入った菓子が置かれ、大手食品会社には脅迫状、警察やマスコミには挑戦状が全部で約 160 通送付された。テキストマ

イニングが使用されたのは、この脅迫状や挑戦状に書かれた文章である。関西弁で書かれたこれらの脅迫状や挑戦状をテキストマイニングすることを通じて、書き手の様子が少しだけ見えてきた。名詞の使用率や漢字の含有率などがある時期から大きく変化した、つまり、書き手が途中で変わった可能性があることが示唆されたのである。このことが具体的に何を意味するのかは現在もわかっていない。犯行グループが警察をかく乱するために書き手を変えたのかもしれないし、犯行グループ内で何らかの役割変更が必要になったのかもしれない。

４）テキストマイニングは使い物になるの？

　テキストマイニングは、その結果のみでは社会に直接役に立ちにくいかもしれない。しかし、その文章の時代背景や著者グループの特徴など周辺の情報を重ね合わせることで、見えなかった傾向を私たちに見せてくれるツールになり得る。最近では、マーケティングの分野で、自由記述アンケートやSNSのコメントなどから、ロイヤリティの高いコメントのなかで頻出する語句や、その逆に酷評のコメントのなかで多く見かける言葉を抽出し、顧客満足度向上に向けて注力するポイントを見つけ出そうと、テキストマイニングが適用されてきている[3]。つくれば売れる時代が終わり、欲しいものしか売れなくなった時代のビジネスにおいても、テキストマイニングは力を発揮しはじめている。

（２）テキストマイニングにより得られるもの

　テキストマイニングでは、文章中によく出てくる言葉をピックアップする抽出語など比較的シンプルなアウトプットから、言葉と言葉の関係性を明らかにする共起ネットワークのような複雑な指標まで、分析した結果として様々な指標が出力される。

１）抽出語リストとコロケーション統計

　抽出語リストとは、与えられた文章のなかで、語句ごとに登場した回数を集計したものである。抽出語リストを作成するソフトウェアによっては、例えば「青い空」と「青空」を１つの語句として集計する機能の付いたものもある。さらに、抽出語リストの作成と合わせてコロケーション（直前、直後の連続する語句の関係）分析を行うと、キーワードと関連の強い語句を抽出することができる。例えば、レストランのアンケートの自由記述で「おいしい」と「サラダ」の結び付

きが強い場合、そのレストランの強みはサラダであるといえるかもしれない。

２）階層的クラスター分析

　階層的クラスター分析とは、文章のなかで関連が強い語を同じクラスターにグルーピングし、デンドログラム（樹形図）に表す分析方法である。どの程度細かくクラスタリングするかはクラスター同士がどの程度似ているのかによって判断していく。そのための指標が併合水準（非類似度）である。クラスター数を減らしていくと併合水準が大きく跳ね上がるクラスター数に遭遇する。跳ね上がった直後の数をクラスター数の上限とすると、細かすぎないクラスタリングになり、内容の解釈がしやすくなる。

３）共起ネットワーク

　共起ネットワークとは、文章のなかで関連の強い語句と語句を抽出し、それをグラフ化したものである。頻度は円の大きさで、関係の有無は線で結ばれているか否かで判断できる。語句と語句の関係が直感的にわかるグラフといえる。

　さらに便利な方法として、文章のなかの語句同士の関係性だけでなく、その文章の章番号や書かれた年など、外部変数を含めて共起ネットワークを作成することもできる。例えば、あるレストランの自由記述アンケートを投稿月と併せて共起ネットワークで分析すると、夏には不満が多く冬には高評価な言葉が多いことがわかるなど、マネジメントに活かすこともできるかもしれない。

（３）テキストマイニングのツール

　以下に紹介する２つのソフトウェアは、テキストマイニングのツールとして広く知られているものである。

１）KH Coder

　KH Coder は、文章を統計的に分析するソフトウェアで、樋口耕一氏により開発された。テキストマイニングの基本的な機能がそろっているので、幅広い用途の分析に適用可能である。

２）R

　R はオープンソースの統計開発環境で、テキストマイニングに限らず統計解析や画像処理など非常に幅広い分析に用いることができる。ただ、R 言語を用いているため、若干難易度は高くなる。

注・参考文献

1)村上征勝（2004）『シェークスピアは誰ですか？　計量文献学の世界』文藝春秋

2)Thomas Corwin Mendenhall（1901）A Mechanical Solution of a Literary Problem, *Popular Science Monthly*, Volume 60.

3)西内啓（2013）『統計学が最強の学問である』ダイヤモンド社

（糸井川　高穂）

Column 2　ビッグデータ

　ここ数年、ビッグデータという言葉をよく見聞きする。ビッグデータ（big data）とは、簡単には大きなデータのことであるが、「様々な形をした、様々な性格をもった、様々な種類のデータのこと」といわれている。みなさんが日常的に使っている SNS などのソーシャルメディアでの書き込まれたテキストデータ、動画をはじめとするマルチメディアデータ、交通 IC カードの利用データなどがある。ビッグデータは、特性として、データの量（Volume）、データの種類（Variety）、データの発生頻度・更新頻度（Velocity）の「3 つの V」のいずれかを有している。

　ビッグデータを用いることで、データのなかに隠されたパターン、相関関係、などの情報を明らかにすることができ、人々の行動パターンの可視化や、組織であれば意思決定の判断材料とすることができる。例えば、ネットショッピングでは、オススメ商品の紹介を閲覧・購入履歴、他の購入者の実績から分析して行っている。

　ビッグデータを分析するためには、以下の 3 つが必要である。

（1）データの蓄積：データを、データレイク（得られる生データを蓄積しておく場所）またはデータウェアハウス（利用しやすいかたちに統合・格納されたデータを蓄積しておく場所）に保存する。

（2）データのクレンジング：データは、重複や欠損していては意味がない。そこで、データのクレンジング（洗浄）が必要になる。例えば、よくあるのが、住所で〇丁目×番地△号は、〇丁目×－△と書いても同じであるがコンピュータでは別のデータとして扱ってしまう。表記の揺れ、誤記入などを修正し、データの精度を高める作業がクレンジングである。

（3）データの分析：収集、クレンジングされたデータを、基本統計量などを見ながら異常値などを見つける。異常値が排除されたデータを使って、機械学習などでパターンの特定を行う。

Column 3　BIM / CIM / 3 次元モデル

　人口減少社会になり労働者も減少しているが、生産性を向上することで経済成長を図ることができる。国土交通省は、建設工事における生産性を向上するために、測量から設計、施工、検査、維持管理に至る一連のなかに、ICT を取り入れた i-Construction を進めている。特に日本では、建設工事において 3 次元モデルを活用し社会資本の整備、管理を行う CIM（Construction Information Modeling, Management）が発展してきている。また、何か物を作るときに用いる設計図は、平面や立面などの一方向からの平面で表されるが、コンピュータを使うことで 3 次元で立体的に表現することができる。これを 3 次元モデルという。海外では、建物の建築工事において 3 次元モデルを活用する BIM（Building Information Modeling）が進展している。

　BIM/CIM を取り入れることで、変更に伴う図面修正や、工事を進めるうちに生じた設計変更などによって生じるリスクを最小限に抑えることができる。また、3 次元モデルを使うことで、設計段階であれば、構造物と周辺との見え方などから住民との合意形成を円滑に進められたり、データとして管理していることから、完成後に工事や修復履歴を見たりして維持管理もしやすくなる。

　さらに、3 次元モデルのデータも、大量に集まってくるとビッグデータになる。

　BIM/CIM、3 次元モデルは、限定的な建設工事だけにかかわる話ではない。建物、道路などの 3 次元データ、そして人や車の流れなどのデータを、仮想空間上にすべて再現してしまうプロジェクトが実際に行われている。有名なものが、国土全体を再現した「バーチャル・シンガポール」である。仮想区間上で国土を再現しておくと、大規模な工事を行ったときの景観や渋滞対策などを仮想区間で検討することができる。このように仮想空間（バーチャル空間）と実空間（フィジカル空間）の両面で捉える考え方はデジタルツインと呼ばれ、これからの地域デザインが変わっていく考え方である。

（長田　哲平）

実践してみよう
――テーマから捉える「読み・解く」技法

PART III では、地域デザインの調査研究をさらに詳しく学んでいこう。災害時のより良い避難を実現するためには、どのような観点からデータ収集や分析すればよいのだろうか。また、人が最高のパフォーマンスを発揮するために必要な室内環境とはどのようなもので、それを実現するためには何を分析すればよいのだろうか。住み続けたいまちで持続可能な暮らしを実現するために、解いてゆかなければならない社会・地域課題は多様にあり、そうした課題を見出す新たな技術も必要となる。

　本 PART では、現代の地域デザインにおける具体的な調査・研究テーマをもとに、調査・研究のアプローチや技法を紹介する。実際の調査や論文を用い、どのように問いをつくり、どのような技法を用いて調査・分析するのかを説明している。構成は、研究の分野ではなく、地域デザインのプロセスをベースとして、Chapter 1「知る・見つける」、Chapter 2「共有する」、Chapter 3「活かす」の順に、そこに位置付けられるだろう調査・研究テーマを整理した。各テーマは独立して読むことができる。現代の地域を捉える調査・研究の多様なテーマの全体像をつかみ、そこにある科学の視点を感じ取ってみよう。社会を、そして地域を「読み・解く」眼が養われるに違いない。

Chapter 1

知る・見つける

　地域デザインにおける、「知る・見つける」営みは、これまでにない地域の価値を再発見する重要な行為である。本章では、地域デザインの調査に欠かせない技法を紹介する。

　A「意識・健康・コミュニケーションの調査分析」では、現代の地域デザインの主要なテーマである災害、食、介護を題材として、そして人を対象とする調査・研究に必要な心理学の観点から、調査法とその活用法を学ぶ。B「行動調査」では、人の行動、なかでも広場や道などの公共空間に注目した事例を通して、調査・研究の技法を学ぶ。C「事例調査・社会実験」では、調査・研究においても身近な方法である事例調査や比較研究に取り組む際の要点と、具体例を通した分析方法を学ぶ。また、昨今よく聞かれるようになった社会実験とは何かについて、交通をテーマとして把握する。

A 意識・健康・コミュニケーションの調査分析

A-1 災害に対する行動意識を理解する
宇都宮市在留外国人へのアンケート調査から

🔑 keywords　相関分析　重回帰分析　多文化共生　外国人防災　在留外国人

1　防災と研究手法

　防災に関する研究は多岐にわたる。日常時では、防災に関する技術開発や行動、教育や意識に関する研究等がある。災害が発生する直前に発せられる予警報の発令、予警報による住民の行動に関する研究がある。災害発生後においても災害対応の分析、技術開発、政策提案、被災者の認識に関する研究がある。

　この後紹介する災害に対する行動意識に関する研究は、地震発生後の津波発生に対する避難行動や水害時の避難行動をはじめとした災害時の住民行動、防災グッズの購入や地域の防災訓練への参加などに代表される住民の防災行動、災害発生後の災害対応従事者による対応行動への意識などが含まれる。

　自分の興味のある研究テーマがあれば、関連研究をインターネットで公開されている「科学技術情報発信・流通総合システム」（J-STAGE）で検索するなどして、研究手法を確認する必要がある。研究手法が認識できなければ、災害時に限らず日常社会を対象とした論文を検索して研究手法を探さなければならない。研究手法の理解は、論文だけではわからないため、関連する専門書が不可欠である。インターネット上には親切な人による解説が公開されている。専門書にしてもインターネット上にある解説にしても、著者が誰なのかを確認する必要がある。

　防災に関する研究は、災害そのものが日常社会の現象と比べると頻繁に発生するものではないことから、アンケート調査や災害に関するデータを分析するだけでなく、災害現場を経験している人へのインタビュー調査を行って災害現場を認識することが重要である。一方で、過去の特定の災害現場にとらわれてしまう

と状況が変わった場合の現場の想定が困難になる。そのため、調査対象の災害現場の時代背景も理解する必要がある。被災規模が大きい災害の場合には、多数の研究グループによる調査が行われて被災者が疲弊する調査公害が発生することがあるので、気を付けなければならない。

2 研究事例紹介

(1) はじめに

近年、我が国では在留外国人数が増加し、宗教や言語をはじめとした文化が多様化している。そのため、文化的な違いを認め合い、対等な関係を築きながら、地域社会を共に生きていく多文化共生の考え方が必要となっている。2011 年 3 月 11 日東日本大震災では 41 名の外国人が亡くなり、多数の被災者が発生した。当時は避難行動や避難所内での生活などにおいて、宗教や言語の異なる外国人への対応が課題となっていた。今後に向けて災害発生時に生じる外国人に起こる困難に日本社会としての向き合い方について検討する必要がある。

本事例では、在留外国人の行動意識について、「特徴面」、「心理面」、「情報面」、「経験面」、「認識面」、「知識面」の 6 つの要因が、どのように災害に対する行動意識に関連するかについて定量的に分析するためにアンケート調査を実施した。得られた結果について、相関分析と重回帰分析 を用いることにより、在留外国人と向き合うために考慮すべき項目を抽出する。

(2) アンケート調査の概要

調査対象は、令和元年東日本台風で被災経験のある宇都宮市で生活する外国人、および宇都宮市に通勤・通学している外国人とした。事前に実施したヒアリング調査をもとに、日本語と英語の併記でアンケートを作成し、Web でのアンケートを実施した。実施期間は 2020 年 11 月 24 日から 2021 年 1 月 14 日までであり、63 名から回答があった。有効回答数は 63 であった。2020 年 12 月末現在の宇都宮市の外国人人口は 9337 名である。

(3) 相関分析

回答者の災害に対する行動意識と、特徴、心理、情報、経験、認識、知識といった要因との関係を明らかにするため、行動意識と各要因を数値化した上で SPSS Version23 を用いて相関分析を行ったのが表 1 である。相関分析の結果より、

使用可能言語数が多くなるほど、災害への行動意識の得点平均は高くなることがわかった。また認識の得点平均が高くなるほど、災害への行動意識の得点平均は高くなり、知識の得点平均が高くなるほど、災害への行動意識の得点平均は高くなることがわかる。しかし、在留外国人の使用可能言語数を増やすことは簡単なことではないため、災害に対する行動意識を高めるには、災害認識および災害知識を高めることが最も効果的なのではないかと考えられる。

表1　相関分析結果 (*$p<0.05$　**$p<0.01$)

相関

	行動意識得点平均	性別	年齢	信仰宗教	使用可能言語数	現時点での在留期間	ペットを飼っているか	連絡できる日本人友人の有無	日本語能力試験のレベル	特徴得点平均	心理得点平均	情報得点平均	経験得点平均	認識得点平均	知識得点平均
行動意識得点平均	1														
性別	-.154	1													
年齢	.225	.096	1												
信仰宗教	.192	.219	.502**	1											
使用可能言語数	.347**	.145	.379**	.221	1										
現時点での在留期間	.128	.177	.820**	.388**	.382**	1									
ペットを飼っているか	-.014	.017	.404**	.261*	.002	.449**	1								
連絡できる日本人友人の有無	.158	.103	.229	.200	.177	.284*	.147	1							
日本語能力試験のレベル	-.204	.018	-.329**	.015	-.268*	-.555**	-.150	-.341**	1						
特徴得点平均	-.114	.179	.269*	.016	.237	.584**	.105	.237	-.699**	1					
心理得点平均	.060	.506**	-.006	.154	.193	.047	-.041	.076	.031	-.058	1				
情報得点平均	-.059	.115	.476**	.272*	.090	.580**	.178	.280*	-.399**	.483**	.022	1			
経験得点平均	-.119	.031	.443**	.238	.112	.381**	.236	.007	-.126	.129	.198	.295*	1		
認識得点平均	.511**	.066	.336**	-.012	.254*	.298*	.135	.230	-.465**	.270*	.119	.275*	.198	1	
知識得点平均	.252*	.067	.367**	.172	.248*	.436**	.202	.524**	-.499**	.372**	.030	.522**	.277*	.436**	1

(3)　重回帰分析

　在留外国人の災害に対する行動意識が、どのような要因によって影響を受けているのかを明らかにするために、SPSS Version23 を使用し、アンケートの結果を用いて重回帰分析を行った。災害への行動意識に関する項目を従属変数とし、回答者の属性および特徴、心理、情報、経験、認識、知識を数値化したものを独立変数としたケースで行った。独立変数は、有意であると認められた変数のみ採択した。重回帰分析のモデル式に代入した結果が（1）式である。

$$y = 4.987 - 0.266x_1 + 0.290x_2 - 0.368x_3 - 0.323x_4 + 0.546x_5 \qquad (1)式$$

　ここでは y を「行動意識得点平均」とし、x_1 を「性別」、x_2 を「信仰宗教」、x_3 を「特徴得点平均」、x_4 を「経験得点平均」、x_5 を「認識得点平均」としている。重回帰分析の結果では、「認識得点平均」が高くなると、回答者の災害に対する「行動意識得点平均」が向上することがわかる。つまり、実際の災害によって起こり得る被害を正確に把握することが、防災への行動意識を駆り立てるのではないかと考えられる。

　「経験得点平均」が高くなると、回答者の災害に対する「行動意識得点平均」が低下することがわかる。本アンケートの集計では、災害経験のある回答者のう

ち、"大きな被害"ではなく"小さな被害"を経験したと回答した住民が多く見られている。このことより、「災害が起きたとしても被害はたいしたことがないだろう」と、災害を過小評価してしまっている住民が多いのではないかと考えられる。そのほかに影響を及ぼすものとしては、信仰宗教を有している回答者ほど「行動意識得点平均」が高くなる。

　相関分析および重回帰分析より、在留外国人の行動意識が低くなるのには、自身の日本語能力の上達による楽観的な思考や、大きな災害を経験したことがないがゆえの災害に対する過小評価が背景にあるのではないかと考えられる。そして、外国人の防災で最重要視し、優先して考えていくべきなのは、災害に対する「認識」と「知識」であると考えられる。

3　手法の限界と防災研究の社会への還元

　前節で紹介した分析は、人数が少ない在留外国人を対象とするため、アンケートの回答者が少なくなる。そのため、アンケート調査の前に在留外国人を対象としたインタビュー調査を実施することで、アンケート調査結果を補完している。

　防災の研究の多くは、モデル地域を対象に実施されており、研究の成果が実践レベルまで達せばモデル地域に対して還元できる。しかし、それ以外の地域への還元は、行政の政策に反映されるか、誰もが使えるツールを開発するほかは、あまりなされていない。これは地域防災の主体となる住民が、既往の防災研究にアクセスする機会が乏しいことも原因としてある。昔と比較すると、インターネットを通じて防災研究にアクセスできる環境は整備されている。そのため研究者からの発信も必要ではあるが、住民のリテラシーの向上も必要だと考える。また研究成果を地域に還元するためには、防災に関する既往の研究成果を理解した上で、対象地域の防災の現状に合わせて、やるべき訓練などを住民へ助言でき、住民とともにその訓練の企画運営をフォローするなどの活動ができる専門家が必要である。このような専門家を社会で育てていくことも大事である。

参考文献

近藤伸也・小川喬平（2021）「宇都宮市に関わる在留外国人を対象とした災害に対する行動意識に関するアンケート調査」『地域安全学会梗概集』No.48，A-17

（近藤　伸也）

A-2　被災地において、住民意向をどのように反映して復興するか

住宅を事例に

🔑 keywords　東日本大震災　被災地　復興　意向調査　アンケート調査

　東日本大震災による津波被害は、東北太平洋沿岸部広域に及んだ。各自治体には、被災施設の復旧から将来的な土地利用に至るまで、あらゆる意思決定を行う必要が生じた。しかし復興プロセスのなかで、住民意見の収集方法や反映プロセス、住民合意についての自治体が定める明確な指針はなく、手探りで復興が進められてきた。

　発災直後にまちづくりについてのワークショップを専門家の支援を受けながら開催した自治体も多いが、生活基盤を失った被災住民から発言を得ることが難しい場合もある。原発被災自治体では住民が自治体外への避難を余儀なくされ、物理的に意見の収集が困難であった。自治体と住民間の調整がうまくいかずに、トップダウンで復興事業が進んだ自治体も存在する。

　個別の住民意向を収集する必要があった事例のひとつに、移転先の住宅整備戸数の希望調査がある。多くの自治体では、一斉に回答を集めることが可能なアンケート調査を実施したが、この結果を直接、整備戸数の決定に用いたため、結果的に住宅戸数の過不足が発生した自治体も多く存在した。調査のタイミングや家族内の回答者により意向は変動するほか、高齢者の場合は施設への入居など、急な変更が生じる場合もあった。アンケート調査を用いて個別意向を調査することには限界はあるが、一方で個別相談などにも行政のマンパワーに限界があり、明快な解決策は見出されていない。

　復興プロセスにおいては、都市計画や住宅など様々なスケール感での話し合いや決定を迫られる場面が存在する。今後の災害発生に向けて、住民意見を収集する方法などについて事前に自治体の内部、そして住民との間で検討される必要がある。

参考文献

（公財）日本都市センター（2014）「被災自治体における住民の意思反映——東日本大震災の現地調査・多角的考察を通じて」報光社

（荒木　笙子）

A-3 地域住民の健康・栄養状態を評価するために
食事調査から見える対象者・地域の特徴

♀ keywords　**栄養状態　食事調査　摂取　食事記録**

1　健康と食生活

　健康づくりは食事、運動、休養の三要素から成り立つ。どれかひとつ欠けても健康は保持・増進されず、不均衡な生活が続くと健康状態は悪化する。例えば、食事からの摂取エネルギー量が活動量よりも多ければ体重は増加するし、良い睡眠が確保されなければ生活習慣病に罹りやすい。健康づくりを進めていく上で食事、運動、休養の状況を把握し、健康増進への機運を高めていく国民的運動「健康日本 21（第二次）」も掲げられている。本稿では健康づくりの三要素のうち、特に食事からの栄養状態の評価がどのように行われているか取り上げる。

　地域住民の栄養状態を評価する際、身体計測や臨床検査に加えて食事調査が実施される。日本における大規模な食事調査では、毎年実施されている国民健康・栄養調査が有名であるが、その歴史は 1945（昭和 20）年に遡る。当時は戦後の貧困状態のなか、各国から食料援助を受けるために連合国軍最高司令部（GHQ）の指令のもとに実施され、栄養素の欠乏や発育不全を考慮した調査内容であった。現在では、健康増進法に基づき厚生労働省主導でなされ、その結果は国民の健康増進の総合的な推進を図るための基礎資料として、国や地方公共団体、研究機関において活用されている。また、高齢者の低栄養状態を発見する際の栄養アセスメントでも食事調査から栄養素の摂取状況を分析し栄養学的診断が行われているし、地域の食環境の特徴や季節による食生活状況の比較を行う場合でも食事調査が実施されている。

2　食事調査法の概要

　食事調査には、食事記録法、食物摂取頻度法、24 時間思い出し法、生体指標などがあり、それぞれ長所と短所がある。各調査法の特徴を理解し、目的に応じた調査法を選択する必要がある。習慣的な摂取量を評価したいのであれば、食事記録法や 24 時間思い出し法ではなく、食物摂取頻度法を利用することとなる。

食 物 摂 取 状 況 調 査

家族が食べたもの、飲んだもの（水以外）は全て記載して下さい				その料理は、誰がどの割合で食べましたか？ （残した分があれば「残食分」に書いて下さい）										摂 食 分 類
料理名	食品名	使用量 （重量または 目安量と その単位）	廃棄量	氏名	氏名	氏名	氏名	氏名	氏名	氏名	氏名	氏名		
				1	2	3	4	5	6	7	8	9		

図1　国民健康・栄養調査における食事調査票

最近では、食事の写真情報から、食品の種類と量を推定し、栄養素の摂取状況を診断するアプリも提供されている。以下では食事記録法および食物摂取頻度法について解説する。他調査法の特徴について、詳細は『日本人の食事摂取基準（2020年版）』表10を参照されたい。

（1）食事記録法

国民健康・栄養調査では食事記録法が採用されている。図1の調査票に記入された食品と使用量等から『日本食品標準成分表』をもとに食品群別摂取量および栄養素等摂取量を算出する。

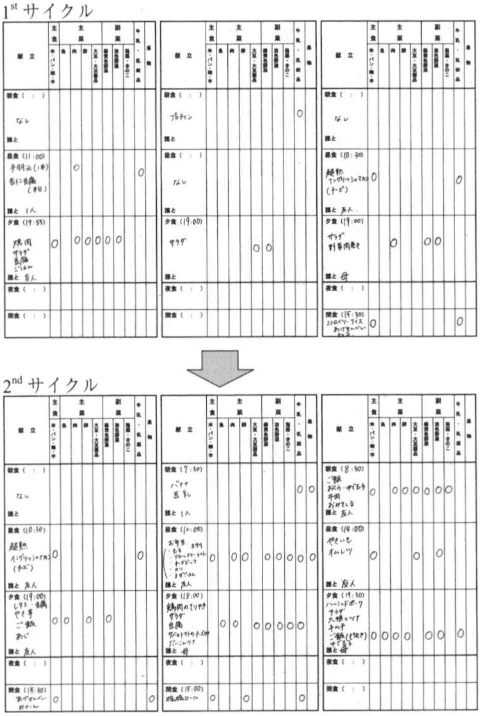

食事記録法は、対象者の栄養摂取状況を把握するために用いられるほか、食行動変容につなげるきっかけとして利用されることも多い。授業等で3日間・2サイクルの計6日間の食事を記録し、行動変容を促すプログラムを実施することもある（図2）。1st サイクルでは普段通りの食事に努め、三食と間食、夜食を記録する。食事に含まれる食品に○を付け、どの食品群の摂取が少ないか視覚化し、自身の食行動パターンを認識する。1st サイクルでの食生活の課題をふまえ、2nd サイクルでは課題を解決するような行動を心掛

1st サイクル

2nd サイクル

図2　食行動変容の過程

ける。この一連の作業により
食行動パターンを修正する体
験を積むことで、食習慣はも
とより生活習慣を望ましい方
向へ改善する一歩となり得
る。約 340 例の食事記録分析
から、2nd サイクルで朝食欠
食の低下や野菜摂取量が増加
することも見出されている。

(2) 食物摂取頻度法

食物摂取頻度法は疫学調査
に用いられることが多く、面
接式と自記式がある。識字率
が高い国で実施される場合は

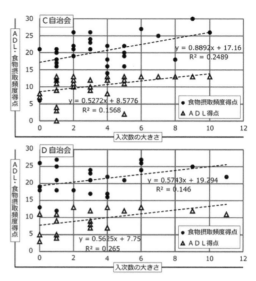

図3　ネットワーク（入次数）と健康指標との関連

自記式が一般的である。各食品の摂取頻度と摂取目安量から食品の 1 日あたりの
平均摂取量を求め、食品成分表を用いて栄養素等摂取量が推定されるが、食事記
録法に比べ精度に欠ける。

摂取量を求めない場合は、各食品の頻度をスコア化し、その総点を利用する。食
事調査への協力が得られにくい対象者の場合は妥当性が確認されている 10 食品群
に絞り、それらの摂取頻度から総点を比較する。高齢者の人的ネットワークの強さ
と健康指標との関連を検討した研究（図 3, 野原ら 2018）において、10 食品群の食
物摂取頻度法が用いられ、
多様な人間関係を有する高
齢者ほど食物摂取頻度得点
の高いことが報告された。

日本の食環境下で開発さ
れた食物摂取頻度法を海外
の食環境に合わせて改良す
る場合もある。日本の主食
は白飯が多いが、東アフリ

表1　季節による食物摂取頻度得点比較

	乾季【8 月】	雨季【12-3 月】	p 値
穀類	3.8 ± 0.4	3.3 ± 0.8	<0.05
イモ類	0.9 ± 1.1	1.2 ± 1.5	n.s.
肉類	1.3 ± 0.7	0.7 ± 0.7	<0.005
魚介類	2.1 ± 1.4	1.3 ± 1.6	<0.05
卵	0.6 ± 0.8	0.3 ± 0.5	n.s.
乳・乳製品	0.4 ± 0.6	0.8 ± 1.4	n.s.
豆類	1.9 ± 1.1	1.7 ± 1.4	n.s.
野菜類	3.7 ± 0.8	3.9 ± 0.3	n.s.
果物	2.0 ± 1.6	1.6 ± 1.8	n.s.
種実類	2.0 ± 2.0	1.8 ± 2.0	n.s.
その他（野生食物）	1.4 ± 1.7	1.8 ± 1.9	n.s.
バオバブ	2.0 ± 1.6	0.8 ± 1.4	<0.005

雨季
に低
摂取

表2 心筋梗塞発症に関連する要因

変数	オッズ比	（95%信頼区間）	p 値
性別（男性）	1.82	1.18-2.81	＜ 0.01
HDL コレステロール	0.98	0.97-0.99	＜ 0.002
大豆・大豆製品（＜ 3 回／週）	1.43	1.02-2.02	＜ 0.05
緑茶（＜ 1 杯／日）	1.76	1.20-2.58	＜ 0.005

従属変数：心筋梗塞発症
独立変数：年齢、性別、高血圧、脂質異常、HDL コレステロール、糖尿病、喫煙、食物摂取頻度（緑茶、大豆・大豆製品、野菜、果物）

カのタンザニアではウガリが多いため白飯を穀類と置換した。また、摂取頻度を 4 段階で分けるところ、雨季の食物不足時は「食べない」例も多いことから「食べない」を加え 5 段階とした。一般に乾季よりも雨季に食料不足に陥ることが多く栄養不良の課題が問題視されていたが、なかでもたんぱく源である肉類、魚介類、卵類の摂取頻度が低かった（表1）。このほか、冠動脈造影施行（心臓検査）725 例を対象に食物摂取頻度と心筋梗塞発症の関連を検討した研究から、大豆・大豆製品および緑茶の摂取頻度の低さが心筋梗塞発症の関連因子であることも示されている（表2）。

3　食事調査の未来

　食事調査は、私たちの栄養素等摂取状況を把握し、性別および世代ごとに設定されている食事摂取基準と比べて栄養状態を診断するための重要な調査である。また、現在の個人や集団の栄養状態を理解し、食行動変容につなげる機会を提供する貴重な根拠資料を得ることもできる。国民健康・栄養調査の結果は国および各自治体の健康づくり施策や食環境整備の基礎データとして、研究成果は個人（対象者）や集団（対象地域）の食・栄養指導や食環境改善、国際機関等への情報提供、食教育等の資料として利用されている。

　多くの研究者により食事調査の精度を高める努力が続けられており、妥当性と再現性に関する研究が蓄積されている。今後、アプリを使って写真を撮影するだけで現在の栄養状態が高精度下で瞬時に把握できる日も近い。これらのツールを各自の健康管理に利用しつつ、健康増進に向けた食環境整備が進んでいくことを期待したい。

参考文献
厚生労働省「国民健康・栄養調査」、「日本人の食事摂取基準（2020 年版）」
文部科学省「日本食品標準成分表」　https://www.mext.go.jp/a_menu/syokuhinseibun/index.htm
野原康弘ほか（2018）『都市計画論文集』53（3）：1036-1042

（大森　玲子）

A-4 人の心理的側面を捉える調査法とその活用

心理尺度を中心に

keywords　心理尺度　構成概念　信頼性　妥当性

1 心理調査とは

　社会や地域の課題等に関心があり、それらの解決に資する手法を学ぼうとしている読者にとって、心理調査は、社会調査に比べて馴染みがある人は少ないかもしれない。しかし、住民の"幸福度"や"QOL（生活の質）"、"ストレス"の程度、ボランティアなどの地域活動への参加"動機"、まちや建物などについて個々が抱く"印象"など、社会・地域課題に取り組む上で、「人々の内面」を知ろうとすることは実際よくある。また、社会調査においても、人の行動や意識の把握がなされる。ここで、社会調査と心理調査の違いであるが、社会調査は人々の行動や意識の把握を通して社会の実態を知ろうとすることに力点があるのに対し、心理調査は個人の感情や考え、態度などの心理的傾向を知ることにより力点があるともいえる。同じ課題であっても、心理的な影響や効果についてより詳しく知り、解決策に活かしたり、それらの取り組みがどのような人に効果的だったのかを知りたいといった場合など、心理調査についての知識を活かすことができる場面はたくさんあるだろう。

　例えば、まちづくりにおいても重視される「居場所（づくり）」は、物理的な場のみを意味するわけではなく、個人にとって居場所と"感じられる"ことも意味する。では、人の内面である居場所感をどうやって捉えることができるだろうか？　ひとつは、外から観察できる行動や表情に着目するという方法があるだろう。その場に来る頻度や、他の人々との会話の量、笑顔がどれだけみられるか、などを観察するのである。自主的に来る頻度が高いということは居心地が良いと感じていることの表れとみることができるかもしれない。その場にいる人々とたくさん会話をしていたら、そこには人とのつながりを求めている姿が反映されているともいえるし、笑顔で話しているのであれば楽しんでいるのだろうということも推測できる。また、ウェアラブル端末などを利用して、心拍などを測定し、どの程度リラックスしているかの指標とすることもできるだろう。

しかし、これらの方法は客観的ではあるものの、観察対象者本人が実際に何を
どう感じたり、考えたりしているのかなどの具体的な内容まではよくわからな
い。これらのことを知りたい場合、より一般的に用いられている方法としては、
インタビューやアンケートなどにより、本人に尋ねるという方法であろう。すな
わち、知りたいことに関連する問いかけをし、それに対する本人の主観的報告
（回答）から把握するという方法である。そこでは、インタビューや自由記述式
調査への回答内容を質的に把握したり、あらかじめ決められた質問項目への当て
はまりの程度などを主観評定させたものを数値化し、量的な分析をかけるなどし
て、知見が得られる。後者において、個人の心理的傾向を測定する際に用いられ
るのが、心理尺度と呼ばれるものである。心理尺度は、「ある心理的傾向につい
て、それと関連する複数の項目から作られた一つの物差し（尺度）」（堀 2001）で
あり、たくさんの心理尺度が開発されている。

2　心理尺度の特徴

　心理尺度において測定しようとする心理的傾向は、直接観察することができな
い抽象的な「構成概念」であることが多い。先に例に挙げた居場所感もそうだ
し、幸福感も、地域に対する愛着も、社交性も、生きがいも、それ自体は直接観
察することはできず、理論的に定義される構成概念である。そのため、調査をす
る際には、測定しようとする構成概念が明確に定義されている必要がある。さら
に、構成概念の定義は多義的な場合も多い。一例として、居場所感もやはり研究
者によって様々な意味づけがなされているが、居場所感についての心理学の研究
を概観した石本（2010）によれば、「ありのままでいられる」ところ、「自分が役
に立っていると思える」ところという 2 つの感覚が中心的な内容となっているこ
と、また、一人でいる個人的居場所と、他者といる社会的居場所に分類されるこ
とには一定の共通理解があるとされている。ここで、自分が知りたい居場所感は
どのように意味付けられるのかについて、先行知見等をふまえた上で明確にし、
それに応じた質問をしなければ、そこから得られた回答は、自分が知りたい居場
所感ではないものになってしまう可能性が高いのである。従って、心理尺度の多
くは、「居場所だと感じますか？」といった 1 つの質問項目のみではなく、研究
目的に照らして採用された定義をふまえた複数の質問項目から構成され、それら

の項目への回答傾向からその人の心理的傾向を測定するのである。

　心理尺度が物差しであるならば、その物差しはきちんとものが測れるものでなければならない（歪んだ物差しや異なる物差しを使用しても、そこで得られた結果は説得力を失ってしまう）。そのために重要となるのが、信頼性と妥当性を兼ね備えることである。信頼性は、その尺度で測定されるものがどの程度安定しているか、一貫しているかという指標であり、同じ人に測定を繰り返したときの結果の安定性をみる再検査信頼性や、同じ概念を測定する複数項目の内容の一貫性をみる内的整合性などが検討される。妥当性とは、測定しようとしているものをどの程度的確に測定できているかという指標であり、測定しようとする心理的傾向を示す他の指標との関連の強さをみる基準関連妥当性や、測定した結果が測定したい構成概念をどの程度反映し、理論的に矛盾しないかなどを検討する構成概念妥当性などがある。この信頼性・妥当性が検討されている既存の心理尺度のなかに、自分が知りたい心理傾向を測定するものがあれば、それらを参照することができる。信頼性・妥当性が検討されている既存の心理尺度は、基本的には論文として発表されるため、学術情報を検索できる CiNii Articles や Google Scholar などを利用し、自分の関心とともに、「尺度」「信頼性」「妥当性」といった検索ワードを入れてみるとよいだろう（例えば、「居場所　地域　尺度　信頼性　妥当性」など）。また、既存の心理尺度がその定義や回答法、整理法などの解説とともに収録されている『心理測定尺度集Ⅰ〜Ⅵ』（堀洋道監修、サイエンス社）などから探してみることもできるだろう。そのような尺度が見つからない場合は、新たに尺度を作成するということになる。実際の調査に際しては、1つの心理尺度を単体で使用するのではなく、研究目的に応じた他の調査項目（属性や他の質問項目、他の尺度など）を含めて調査票を作成する。具体的な手順や分析、留意点、倫理などの詳細は専門テキストを参照されたい（例えば、宮本・宇井 2014；小塩・西口 2007）。

3　心理調査の活用と課題

　これまで例示してきた居場所感をはじめ、社会・地域課題において人の心理的側面が取り上げられることは多い。それらの内容や機能を検討し、課題や状況、他の心理的要因などとの関連性を分析し、課題を理解したり、解決策に結びつけ

たり、それらの取り組みがターゲットとする心理的影響・効果を得ているのかを実証したりしていくことは重要である。心理的傾向という人の内面は、抽象的で素朴に「こうだろう」と捉えられやすい側面もあり、エビデンスを示していくことも重要である。一方、方法論上の問題についても知っておく必要がある。心理尺度の場合、事前に定められた質問しか問えないため、個人の内面について幅広く把握することはできない。また、問いかけには言語が用いられることが基本であるため、対象者の言語能力にも依存するし（幼児には使用できないなど）、教示文や質問の読み飛ばしや誤解などによって、こちらの意図とは別の理解に基づく回答を得ることもある。社会規範や評価にかかわるような質問については、実際よりも社会的に望ましいとされる方向の回答が得られる傾向もある（例えば、差別的態度をどの程度有しているかを問う場合など）。研究目的に応じた適切な対象と方法について検討し、調査票の作成を工夫するなどの対応をすることは必須であるが、それでも限界があることをふまえておく必要があり、それらをカバーするために複数の方法を組み合わせてアプローチすることなども重要である。

　心理尺度をはじめとして、人の心理傾向について調査する場合、対象となるのは、当然であるが人間である。ヒトを対象とした研究倫理を遵守することはもちろん、協力いただく対象者の立場に立った実施内容・方法の検討に真摯に向き合う姿勢が基本である。

参考文献

堀洋道（2001）「監修のことば」堀洋道監修・山本眞理子編集『心理測定尺度集Ⅰ——人間の内面を探る〈自己・個人内過程〉』サイエンス社

石本雄真（2010）「こころの居場所としての個人的居場所と社会的居場所——精神的健康および本来感、自己有用感との関連から」『カウンセリング研究』43：72-78

宮本聡介・宇井美代子編著（2014）『質問紙調査と心理測定尺度——計画から実践・解析まで』サイエンス社

小塩真司・西口利文編著（2007）『心理学基礎演習 Vol.2 質問紙調査の手順』ナカニシヤ出版

（白石　智子）

A-5　遠距離介護の会話分析
コミュニケーションデザインの解明

🔑 keywords　遠距離介護　会話分析　コミュニケーションデザイン

1　遠距離介護の実態を明らかにする試み

　少子高齢化の進行によって、遠く離れて暮らす高齢の親の介護、いわゆる遠距離介護の問題に直面している子どもが増えている。こうした遠距離介護の実態を把握するために様々な試みがなされてきた。アメリカではじめて行われた遠距離介護の研究は、大規模な電話インタビュー調査を量的に実施するものであった（Wagner 1997）。その調査分析を通じて、離れて暮らす子どもが、仕事や家族との時間を削りながら、遠距離介護を行っている実態が報告された。日本で最初に行われた遠距離介護の研究は、精神科医が所属するクリニックを受診した認知症患者を遠距離介護で支える家族を対象に行った継続調査に基づいている（松本2003）。そこでは遠距離介護が継続されるケースと中止されるケースで、どのような相違があるかに注目が当てられ、家族が過度に強い使命感を抱いている場合や、他のサポートが得られない場合に遠距離介護が中止される傾向が指摘されている。筆者もまた、現在に至るまで約 20 年にわたって遠距離介護の研究を行ってきた。その前半期は遠距離介護の当事者へのインタビューを通じて、かれらの経験の語りに寄り添って遠距離介護が行われるその動機などを描き出してきた（中川 2012）。しかし現在は、遠距離介護のなかで大きな課題となっている、離れて暮らす子どもと福祉の専門職者との間でのコミュニケーションがどのようにデザインされているのかを、会話分析と呼ばれるアプローチを用いて（串田ほか2017）解明する研究に従事している。

2　遠距離介護の会話分析

　会話分析とは、1960 年代後半に誕生した社会学の分析アプローチのひとつである。会話分析は実際の録音・録画データを用いて、コミュニケーションのなかで人々が利用している方法—コミュニケーションデザイン—を明らかにする。会話分析において重要なことは、そのコミュニケーションに参加している当人たち

がコミュニケーションのなかで示し合っている理解（「参与者の志向」と呼ばれる）を分析の軸に置くということである。ただし会話分析では、そうした参与者の志向を、インタビューやアンケートなどを通じて当人たちの回顧的な把握を根拠にして分析するというアプローチを採用しない。なぜなら、この社会を生み出しているコミュニケーションがどのようにデザインされているのかを、会話の参与者自身が振り返るかたちで分析的に述べられるとは限らないからだ。かれらが用いている方法は、当人たちに「見られてはいるが、気づかれてはいない（seen but unnoticed）」のである。

では、「参与者の志向」に根差した分析を行うにはどのようにすればよいのか。人々は、コミュニケーションのなかで、かれらが産出している発話や身体的な振る舞いを、それらがどのような位置に置かれ、どのように構成されているかという観点から理解している。それゆえ分析者もまた、そのコミュニケーションのなかに自らを投げ込み、かれらと同様に、個々の発話や身体的な振る舞いの位置と構成をつぶさに観察することで、その理解可能性を明らかにしていくのである。以下、筆者が収集したデータを用いて、その一例を紹介しよう（中川 2016）。

下の囲みの会話の断片は、中国地方の老人保健施設で暮らしている義理の親の新たな生活の場所を検討するために、2012 年に開かれた地域ケア会議（約 1 時間）を筆者が撮影し、その一部（約 20 秒）を会話分析のルールに基づいて文字起こししたもの（「トランスクリプト」と呼ぶ）である。会議には、関西に住む離れて暮らす子ども（DC）、親の住む地域の主任ケアマネジャー（CCM）、親を担当するケアマネジャー（CM）、他 2 名の専門職者が参加している。この断片の少し前で、CCM は DC に義父の新しい暮らし先として、地域密着型特別養護老人ホームを候補として挙げながら、しかしその利用費が現在の施設よりも高く、それまではなかった DC の

```
01 DC:    まっ, .hh 私が*こうやって 帰ってくる分だけでも:, (.) [まあ,
02 (CM):                                                    [うん
         *DCは両掌を胸に一瞬近づけた後、掌を上に向ける形で
          両前腕を差し出し、「だけでも」と同時に小さく掌を
          上下動。両前腕を出した状態を05冒頭まで保持
03       (0.5)
04 CCM:  それ=
05 DC:   =°うん°* がありますし:, .hhh (.) ま: 私には*私の: (0.2)
06       もちろん生活もありますし[:
07 CCM:                        [°う::ん°
                                       *DCは両掌を胸に当て
                                        そのまま08冒頭まで保持
08 DC:   も:,* ま こういうこと言うのあれで↑すけど:. .hhh (.)
09       uう:::ん > やっぱり (.) .h *それをあれしてま *でっていうのは:,  *
                                 *DCは両掌を胸の前に*両前腕を前に出し保持*
10       (0.7)う:[ん
11 CCM:         [°難しいですよ↑ね°
12 DC:   わたしも, 父親に i:, (0.2) あたっていくと思うんです↑よお:.
13       (0.8)
```

費用負担が新たに発生することを暗示し、その困難性について DC に確認を求めている。つまりこの断片は、義理の親が新たな施設に移る場合、利用費の一部をDC が負担できるかどうかについての CCM への回答なのである。その回答は端的に述べれば「負担できない」というものである。しかし親の介護費用の負担を拒む、その回答がデリケートなものであることに、DC、そして CCM も強く志向しながら、その会話は組み立てられている。ではそうしたデリケートさへの「参与者の志向」はどのような方法―コミュニケーションデザイン―によって示されているのか。

　顕著に観察されるのは、親の介護の負担の困難性を示す核心となる言葉の発話が避けられているということである。例えば DC が 01 行目で、「私がこうやって帰ってくる分だけでも、まあ」と述べると、03 行目では、0.5 秒の沈黙が生じている（(0.5) と表記）。DC の発話は統語的に継続することが予示されているにもかかわらず、その核心部分（負担感を示すであろう述部）が産出されていない。すると DC ではなく、CCM がその続きを 04 行目で「それ」と述べる。ここでCCM は、第 1 に本来は DC が述べるはずの、DC の発話順番の続きを CCM が述べるというかたちで、第 2 に「負担」「大変」といった否定的な言葉を明確には用いず、「それ」という指示代名詞を用いることで、そのデリケートさへの配慮を示している。つまり親のために、多額の交通費と時間をかけて遠距離介護を行うことが負担であると述べることへの DC の抵抗を、CCM が理解しているということが、この 2 つのやり方によって明らかにされているのである。そしてこの理解の正しさは DC 自身によって裏付けられている。続く 05 行目で DC は、まず「うん」と小さな声（°°の囲みで表記）で述べ、04 行目で CCM が述べた、「それ」が、01 行目の「私がこうやって帰ってくる分だけでも、まあ」の続きであることを承認する。そして、04 行目の「それ」の続きとなる、「がありますし」を述べることで、「それ」という CCM の発話がまさに「私がこうやって帰ってくる分だけでも、まあ」の続きであったという証拠を示しているのである。

　同様にこの断片で、DC の回答のデリケートさへの志向が確認されるのが、09行目の DC の「それをあれしてまでっていうのは」という発話である。ここでも「それ」と「あれ」という指示代名詞が用いられることで、核心を具体的に述べることが避けられている。しかしその発話は、そこでの身体的振る舞いと重ね合

わせると、何が述べられているかがよくわかる構造となっている。すなわち、「それをあれしてま」という発話のタイミングで（＊で表記）、DC は両掌を胸の前に置いており、これは、05 〜 06 行目で「私のもちろん生活もありますしー」のタイミングでの身体的振る舞いとほぼ同じである。そして 09 行目の「でっていうのは」のタイミングで、両前腕を前に出す動きは、01 行目の「こうやって帰ってくる分だけでも」と同時になされた身体的振る舞いと同じである。つまり「それをあれしてまでっていうのは」という発話は、「私の生活」に「負担をかける」という趣旨の発話として理解することが、そこで生起している身体的振る舞いから可能になるのである。それゆえ 09 行目でその続きが産出されず、10 行目で 0.7 秒の沈黙が生じると、11 行目で CCM はやはりその続きを「難しいですよね」と述べ、DC が 09 行目で述べようとしていたことが、そこでの指示代名詞の多用にもかかわらず、十分に理解可能であることを明らかにしているのである。

3　地域デザイン科学の分析手法としての会話分析

　以上は、遠距離介護という特定の場面についての分析にすぎない。しかし会話分析と呼ばれるこの分析手法は、人々の直面している地域課題を解決するために、未だ記述されていない、しかしすでに人々が用いている方法—コミュニケーションデザイン—を発見するために様々に適用していくことが可能であるはずだ。それは、人間、地域、社会の可能性を信じ、その営みに徹底して寄り添うなかから、その知見を、地域、社会の人々に還元していくことを目指す、地域デザイン科学の、唯一ではないが、ひとつの確かな分析手法であるだろう。

参考文献

串田秀也・平本毅・林誠（2017）『会話分析入門』勁草書房

松本一生（2003）「痴呆の遠距離介護と家族援助の課題」『家族療法研究』20（3）：203-206

中川敦（2012）「遠距離介護と同居問題——『なぜ？』はどのように語られるのか」三井さよ・鈴木智之編『ケアのリアリティ』法政大学出版局：137-162

中川敦（2016）「遠距離介護の意思決定過程の会話分析——ジレンマへの対処の方法と責任の分散」『年報社会学論集』29：56-67

Wagner, D. L.（1997）*Caring across the miles: Findings of a survey of long-distance caregivers.* Washington, DC: National Council on the Aging.

（中川　敦）

B 行動調査

B-1 人の選択行動と意識のモデル化

🔑 keywords　非集計分析　ロジットモデル　プロビットモデル

1　はじめに

　本稿では、人が日常生活で行う様々な選択行動や意識をモデル化する方法について紹介する。はじめに、交通行動分析の分野で代表的な、効用が確率的に変動すると考えるランダム効用理論に基づいた、選択肢集合からの選択行動を表現する方法について述べる。次に、アンケート調査でも頻繁に活用される 5 段階評価等による、回答結果に影響を与える要因を分析する方法について述べる。

2　人の選択行動のモデル化

　人は日常生活において、数多くの選択の場面に遭遇し、どのように行動するかの意思決定を行っている。例えば交通計画の分野においては、将来の交通需要を予測するために、人の交通行動、すなわち外出するかしないか、どこへ行くか、どの交通手段を利用するか、どの経路を通るか等の意思決定のモデル化を行っている。最もよく使われる方法は、個人が「利用可能な選択肢群の中から最も望ましい選択肢を選ぶ」といった合理的な選択ルールに基づいて行動することを仮定したモデルであり、非集計行動モデル、離散選択モデル等と呼ばれる。

　ここでは外出する際の交通手段の選択行動の例を紹介する。例えば、ある個人の利用可能な交通手段の選択肢が車とバスの 2 つの場合、車とバスそれぞれの選択肢の「望ましさ」を「効用（Utility：U）」で表現し、効用の大きさには、各選択肢の特性（所要時間、費用など）と個人の社会経済属性（年齢、所得など）が影響を与えると考える。また、効用 U は、観測可能な要因による確定項 V と、観測不可能な要因により確率的に変動する確率項 ε の線形和で表現されると仮定す

る。車の効用関数の確定項を $V_車$、バスの効用関数の確定項を $V_{バス}$、確率項 ε の分布を正規分布と類似した二重指数分布（ガンベル分布）と仮定すると、車を選択する確率 $P_車$、バスを選択する確率 $P_{バス}$ は、それぞれ以下のロジットモデルと呼ばれる式で表され、車とバスの効用差（$V_車 - V_{バス}$）と車の選択確率（$P_車$）の関係は図1のようになる。

$$P_車 = \exp(V_車) \diagup (\exp(V_車) + \exp(V_{バス})) = 1 \diagup (1 + \exp(-(V_車 - V_{バス})))$$

$$P_{バス} = \exp(V_{バス}) \diagup (\exp(V_車) + \exp(V_{バス})) = 1 - P_車$$

$$V_車 = \theta_1 x_1 + \theta_2 x_2 + \cdots$$

$$V_{バス} = \theta_1 x_1 + \theta_2 x_2 + \cdots$$

　ロジットモデルのパラメータ θ の推定には、被説明変数としての選択結果、説明変数として実際に選択された選択肢の特性に関するデータ（所要時間、費用等）に加えて、選択されなかった選択肢のデータ（所要時間、費用等）の両者が必要になる（表1）。パラメータ推定には最尤推定法という方法を用いるが、NLogit 等の計量経済モデル用のソフトウェアで簡単に計算可能である。モデルの適合度は ρ^2（ロー二乗）という指標で表され、0.2 ～ 0.4 以上であれば十分な説明力があると判断される。

　例えば、説明変数を2つとして、所要時間を x_1、費用を x_2 とし、パラメータ推定の結果、$\theta_1 = -0.1$、$\theta_2 = -0.005$ であった場合、ロジットモデルから計算される各個人の選択肢の推定選択確率は、表1のようになる。

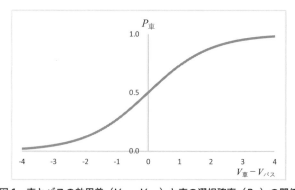

図1　車とバスの効用差（$V_車 - V_{バス}$）と車の選択確率（$P_車$）の関係

表 1　交通手段選択ロジットモデル推定に必要なデータと推定選択確率

個人番号	選択肢	被説明変数	説明変数		推定選択確率
		選択結果	所要時間（分）x_1	費用（円）x_2	
1	1	1	15	300	0.73
	2	0	20	200	0.27
2	1	0	20	300	0.38
	2	1	15	150	0.62
3	1	1	25	300	0.82
	2	0	25	350	0.18
·	·	·	·	·	·
·	·	·	·	·	·
·	·	·	·	·	·

3　人の意識のモデル化

アンケート調査の質問で、「1. とてもそう思う、2. そう思う、3. どちらともいえない、4. そう思わない、5. 全くそう思わない」などの 5 段階評価等の結果に、性別、年齢などの個人属性がどのような影響を与えるかを分析したいとき、オーダード・プロビットモデルを利用できる。5 段階評価の 1、2、3、4、5 は、量的データではなく、質的データであるので、（重）回帰分析を利用するのは適切ではない。被説明変数 y を 5 段階の評価結果、説明変数 x を個人属性とし、x の線形和 βx に対して y が正規分布であると仮定し、$\varPhi$ を標準正規分布の確率密度関数、μ を閾値とすると、y を選択する確率 P は以下のオーダード・プロビットモデルの式で表現できる。

$$P(y{=}1) = \varPhi(-\beta x)$$
$$P(y{=}2) = \varPhi(\mu_1 - \beta x) - \varPhi(-\beta x)$$
$$P(y{=}3) = \varPhi(\mu_2 - \beta x) - \varPhi(\mu_1 - \beta x)$$
$$P(y{=}4) = \varPhi(\mu_3 - \beta x) - \varPhi(\mu_2 - \beta x)$$
$$P(y{=}5) = 1 - \varPhi(\mu_3 - \beta x)$$

μ_1, μ_2, μ_3：閾値

$\beta x = a_1 x_1 + a_2 x_2 + \cdots$

ロジットモデルと同様に、パラメータ a の推定には最尤推定法を用いるが、NLogit 等の計量経済モデル用のソフトウェアで簡単に計算できる。例えば、表 2

表2　オーダード・プロビットモデルで使用するデータの例

個人番号	被説明変数	説明変数		
	1:とてもそう思う〜5: 全くそう思わない	性別 x_1	年齢 x_2	出身 x_3
1	2	1	40	0
2	5	0	25	1
3	1	1	70	1
4	3	0	20	0
5	4	0	30	1
6	1	0	55	0
⋮	⋮	⋮	⋮	⋮

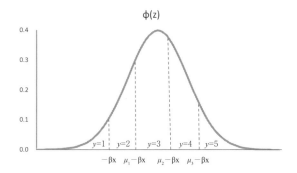

図2　オーダード・プロビットモデルの関係

のように、被説明変数を「1:とてもそう思う〜5:全くそう思わない」、説明変数を3つとして、性別を x_1（1:女性、0:男性）、年齢を x_2（才）、出身地を x_3（1:大都市、0:地方都市）とし、パラメータ推定の結果、a_1 がマイナス、a_2 がプラス、a_3 がマイナスであった場合、女性、若者、大都市出身者の方が、より「そう思う」と回答する傾向があると解釈できる。y、βx、閾値 μ との関係は図2のようになる。

　より詳しい内容を知りたい人は、参考文献を参照してほしい。

参考文献
交通工学研究会編（1993）『やさしい非集計分析』丸善

（大森　宣暁）

B-2 キャプション評価法
調査法のユニバーサルデザインを目指して

keywords 定型自由記述　調査弱者　合意形成　啓発効果　テキストマイニング

1 多様な市民の意見や評価を計画にとりいれるために

人々の多様性や個性が尊重され、社会の持続可能性が重視される現代では、パブリックインボルブメント・ユニバーサルデザイン・POE（居住後調査）など、様々な人々の意見や評価を網羅的に捉えて活かすことが求められる。しかし、人々の意見や評価は多様であり、実務的に多くの人と合意形成を図りながらひとつの方策に集約させることはかなり骨の折れる作業である。

一方、研究的には、意見や評価というものは基本的に言葉による定性的・質的データで、その整理・分析は同じように負荷の高い作業であり、テキストマイニング技術による自動化も現時点では一部の省力化にとどまっている。対して、従前の SD 法などの評定式・選択式アンケートは簡単にデータを定量化できるものの、回答の自由度が低い分、回答者側のストレスは高く、加えて調査側が意図した範疇以外の情報は得られない。そこで、言語データの表現の自由さを活かしながら整理・分析をしやすくするために、作業を課して意識を向けさせる、定型自由記述を用いるなど、得られる言語データの質を整える工夫を施した「評価グリッド法」・「のでから法」・「箱庭手法」や、ここで採り上げる「キャプション評価法」などの定性的調査手法が開発・提案され、活用されている。

「キャプション評価法」は 1993 年に試行開始され、1999 年に提案された、建築・都市空間に対する人々の評価の言葉を収集する定性的調査手法で、もともと「港区景観を考える会」という景観・まちづくりの市民活動から生まれた。この会は東京都港区主催の市民向けの景観セミナーの受講生が立ち上げたものだが、1993 年の発足当初は議論が噛み合わず、活動方針すら決まらない状態が続いた。次第にわかってきたのは、お互いに景観に対して何を課題・理想としているのか知らないままに自分の意見を主張しているということであった。そこで、お互いの考えを知り、共通の議論の題材を見つけるために、企画・考案・実施されたのがキャプション評価法による景観点検であった。

2　キャプション評価法の概要

キャプション評価法の基本的な方法は、気になる事物を写真に収めコメント（キャプション）を付けるという単純なものである（図1・2）。写真＋コメントによる表現はよく行われるが、本手法で重要なのは意見や評価の言語情報の収集であり、写真は評価のきっかけを与えることと記録を担う。

また、前述のような評定式・選択式アンケートに対する反省から、より本音に近い評価を得るために、調査側の制約・先入観をできるだけ排除しようとしている。具体的には評価を参加者の主体的な行為と位置付け、評価対象を限定しない、評価項目を限定しない、順番・時間を限定しない、現場で実物を評価する、などを原則とする。そのため評価者は比較的自由に評価ができ、調査側が想定していない対象や視点を示してくれる。

日時 00.06.13.
場所 明光商店街
〜について 商店街、古い建物
〜と思った 生活感を感じる。歴史を感じる。

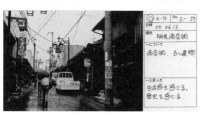

図1　キャプションカード（例）

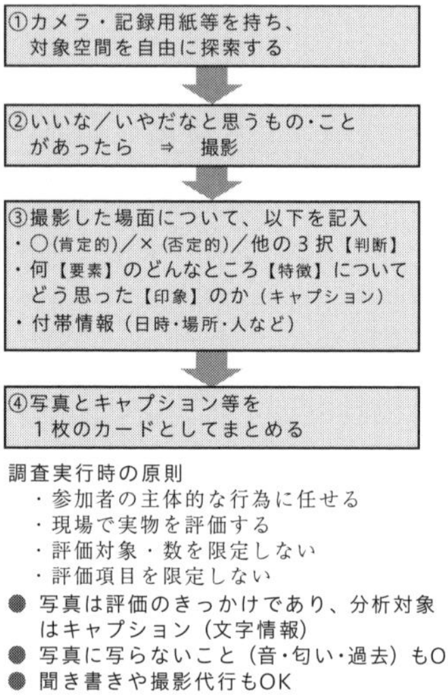

①カメラ・記録用紙等を持ち、
対象空間を自由に探索する
②いいな／いやだなと思うもの・こと
があったら ⇒ 撮影
③撮影した場面について、以下を記入
・○（肯定的）／×（否定的）／他の３択【判断】
・何【要素】のどんなところ【特徴】について
どう思った【印象】のか（キャプション）
・付帯情報（日時・場所・人など）
④写真とキャプション等を
１枚のカードとしてまとめる
調査実行時の原則
・参加者の主体的な行為に任せる
・現場で実物を評価する
・評価対象・数を限定しない
・評価項目を限定しない
● 写真は評価のきっかけであり、分析対象
はキャプション（文字情報）
● 写真に写らないこと（音・匂い・過去）もOK
● 聞き書きや撮影代行もOK

図2　キャプション評価法の手順

このように評価者の自由に任せることが基本ではあるが、キャプションを決まった型で記すことが、本手法のもう一つの大事な点である。キャプションは、

「何の」（評価の【要素】）

「どのようなこと」（要素の【特徴】）を

「どう思ったのか」（【印象】）

の3点を明記する定型文に沿った型で記すように教示している。場合によってカードは何百枚と集まるので、長文・反語的な表現・皮肉っぽい表現などは解釈が大変で、書くほうも読むほうも無駄な努力となりかねない。また、「いい」「悪い」だけではなく、その“理由”を書くことで、他の人の理解と共感を呼び、改善に役立つ因果関係が得られる。そこで、簡潔に記すように定型化することで、情報のレベルを揃え、まとめやすく

しているのである。

　また本手法は、目に見えるかたちでわかりやすく評価を記録できる。写真だけより具体的で、文字だけよりイメージが伝わりやすく、問題を実演して写真で示すこともある。カードはコミュニケーションツールとして、課題を共有したり、カードを見ながら議論することに役立つ。加えて本手法は、評価者自身にも“ためになる”調査法である。やっていて単純に楽しく、参加の充実感につながり、改善への期待を感じさせる（参加型調査）。集まったカードはただ読むだけでも面白く、環境への理解・人の評価の多様性への実感・自分の評価の自覚など、ためになる（調査の啓発効果）。これらは、ただデータを搾取するだけの従来の調査とは一線を画し、評価者本意の調査法を模索した結果といえる。そのため環境学習や職場研修として意識を向上させたり、合意形成を促進したり、認知症高齢者のリハビリ効果の可能性があったりと、調査本来の目的以外の副次的効果に対する応用範囲は広い。

3　キャプション評価法の活用法

　キャプション評価法は、評価者の立場に立って自由度を高めることで評価者の能力を最大限に引き出す方法である。都市空間から建築内部まで場所を選ばず実施可能で、調査に付き添って聞き書きをすれば、5歳の幼児・中程度の認知症高齢者・文盲者などの調査弱者からも意見・評価が聞ける（写真1・2）。一方、住民や感性の鋭い人からは、その人にしかわからないレアな情報や観点を発掘できる（写真3）。いわば、調査法のユニバーサルデザインである。

写真1　5歳の病児による実践例

写真2　認知症高齢者による実践例

　使い方としては、問題の全容を明らかにする課題探索や、大規模定量調査の前段の予備調査などに適している。すでに建

写真3　学生による自転車での景観探索

写真4　高齢者施設の環境づくり支援での活用

築・都市だけでなく様々な分野で活用されていて、景観計画のための基礎的調査、学校や病院の環境調査、特に高齢者施設では職員による施設環境づくりの標準的ツールとして定着している。

　集めたキャプションの扱いには様々な方法がある。回覧・掲示して意見を集めてもいいし、少人数で仕分けをしながら議論するワークショップを行ってもよい（写真4）。とにかく、調査結果のまとめは参加者にも報告してほしい。キャプションは、指摘の多いものだけでなく、少数意見にこそ斬新な改善案のヒントがある。また、評価が分かれる事柄についても着目したい。評価が分かれた理由は何か、双方が満足する改善策があるか、もしくはどちらかの考えに重点を置く決断をするのか、よく議論する必要があるだろう。

　なお、他の調査法とも同様に、警戒感や遠慮のために本音を語ることを恐れる人にとっては、本手法をもってしてもその気持ちを払拭することができない。語らない自由もあるが、より本音に迫るにはさらなる工夫が必要である。

参考文献

古賀誉章・髙明彦・小島隆矢・宗方淳・平手小太郎・安岡正人（1999）「キャプション評価法による市民参加型景観調査——都市景観の認知と評価の構造に関する研究その1」『日本建築学会計画系論文集』No.517：79-84

古賀誉章・皇俊之・宗方淳・小島隆矢・平手小太郎（2006）「キャプション評価法を用いた高齢者福祉施設の生活環境評価——利用者自身による高齢者福祉施設の生活環境評価その1」『日本建築学会計画系論文集』No.600：33-39

児玉桂子・古賀誉章・沼田恭子・下垣光編（2010）『PEAPにもとづく認知症ケアのための施設環境づくり実践マニュアル』中央法規出版

（古賀　誉章）

B-3 行動観察

🔑 keywords 広場 空間特性 定点観測

　行動観察では、都市空間や建築空間において、快適に過ごす環境を構築したり、適切な人々の行動を誘導したりするために、人々がどのような環境下で、どのような行動を行うかを把握することで、空間設計や場所の使い方の方法を検討するデータとする。具体的には写真、映像などをある一定時間記録し、記録した映像から人の行動内容等を分析し、空間特性との関係性などを定量化する。

　宇都宮市の中心部にあるバンバひろばの環境特性と空間利用の関係性を明らかにするために、広場利用者の行動観察を行った。観察はビデオカメラを用いた定点観測にて行った。カメラの設置場所は二荒山神社の参道内で、広場全体を見渡せる階段の踊り場とした。観察は平日と休日の違いを考慮し、2日行い、時刻は7時、12時、14時、16時にそれぞれ約20分間の映像を記録した（図1）。

　記録した映像から、広場に入った人の①性別、②年代、③滞在場所、④滞在時間、⑤行動内容などを集計し、時間帯による日陰エリアの変化との関係性を検討した。

参考文献

木下萌々子・堀江則行ほか（2021）「中心市街地における広場空間の構成要素と環境特性に関する研究 その2　宇都宮市バンバひろばを対象とした評価」『日本建築学会学術講演梗概集』

（横尾　昇剛）

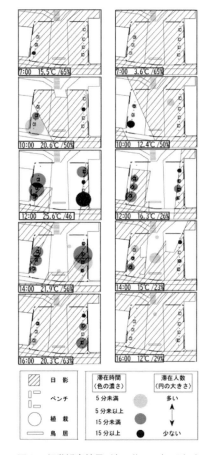

図1　行動観察結果（左：休日、右：平日）

B-4 パブリックライフ調査
公共空間におけるアクティビティのデザイン

🔑 keywords　パブリックライフ調査　都市空間　アクティビティ

　人間のスケールに視点を置いて都市空間を創造・改善するためには、都市環境における人々のふるまいを捉える必要がある。街中に賑わいをもたらすことは、空間の物理的な操作だけでは実現することが難しい。建物の間のアクティビティに焦点を当て、人々の活動やニーズを読み解くことから、都市での人と空間の関係を再構築することが求められており、そのための調査手法としてパブリックライフ調査が用いられてきた。

　パブリックライフ調査では、対象エリアの特性や調査の目的に応じた調査ツールを選択し、パブリックスペースにおける人々の活動を現地で観察し地図上に記録することから、都市空間の利用状況を理解することができる。その代表的な調査ツールとして以下のようなものがある。

・カウント調査（その場所にいる人の数、何らかの動作を行う人数をカウントすることで、プロジェクト前後を比較する）

・マッピング調査（立つ、座って談話するなど、対象地で実際に起こった人の活動を地図などに記録することで、特定の場所での人々の滞留行動を明らかにする）

・軌跡トレース調査（人の移動軌跡を記録し、人の流れ、歩行パタンと場所の関係を捉える）

・行動追跡調査（動線の記録に加えて、立ち止まる、早歩きするといった歩行者の行動を記録し、特定の場所における歩行時の安全性の検証をする際などに用いられる）

・痕跡の記録（足跡、路上のテーブルや椅子の状況など、人々の活動の痕跡から、ある場所の使われ方、安心感／警戒感といった場所に対する人々の認識を推察する）

・写真撮影（都市空間の物理的な状況と人々の活動の関係を記録する）

参考文献

ゲール, J.・スヴァア, B. 著、鈴木俊治ほか訳（2016）『パブリックライフ学入門』鹿島出版会

安森亮雄ほか（2019）「道路空間における滞在のための設えと活動——宇都宮市オリオン通りオープンカフェの実践を通して」『日本建築学会技術報告集』第 25 巻第 59 号：337-342

（遠藤　康一）

B-5 交通量調査

keywords　交通量　調査

　交通の実態を捉える調査に交通量調査がある。交通量調査とは、たまに街中で見かける、椅子に座った調査員が、数取器と呼ばれる測定機器を使って車両や通行者の数をカチカチとカウントする調査である。道路で行われている調査は、道路の計画・設計、新たな交通手段の検討などの基礎資料や、新たな店舗の出店、イベント時の通行量の把握などが目的であり、行政から民間まで多様な実施主体が行っている。

　例えば、車両の通行量の場合には、道路の直線部分で交通量を調査し、目の前を通過した車種別の台数をカウントする。交差点部では、車線別に車種別に進行方向別の台数をカウントしている。さらに交差点部や横断歩道部などでは、歩行者が横断する際に車両が停止することで、自動車の流れに影響を与えることから歩行者の人数をカウントしている。これらの交通量調査は、12時間、24時間などの連続調査を行うことが多い。

　交通量調査は、調査実施時の天候や調査員のスキルに大きな影響を受け、大規模になると調査員が大量に必要になる。このため、近年では様々なセンサーやAIを使って画像からカウントする方法など、ICTを使った調査方法も採用されだしてきている。国土交通省は、5年に一度実施している全国道路・街路交通情勢調査において、2021（令和3）年度から調査員らによる人手調査（数取器を用いて人手でカウントする調査）を廃止する検討を行っている。

参考文献
国土交通省道路局　https://www.mlit.go.jp/road/index.html
「平成27年度　全国道路・街路交通情勢調査」　https://www.mlit.go.jp/road/census/h27/

（長田　哲平）

B-6 温熱環境へ投資することに意味はあるのか？
生理心理的快適性と知的生産性による空調の評価と研究・教育

🎙 keywords 　室内環境　評価指標　教育

1 室内環境の評価と社会・地域の関わり

（1）室内環境の費用対効果

　室内環境の目標は、そこを使う人が最高のパフォーマンスを発揮することである。オフィスであれば社員が価値を生み出し、教室であれば学生が能力を高め、保育園であれば園児が健やかに成長し、病院であれば患者が健康な状態に近付くことがその室内環境の目標となる。また、室内環境の目標の対象は必ずしも人である必要はない。省エネルギーの観点から高緯度で建てられることも多いデータセンターであれば止まることなく運用を続けられることが目標となるであろうし、費用対効果の低さからあまり流行ってはいないが、植物工場であれば低ランニングコストで価値の高い植物を量産させることが目標のひとつとなる。

　ところで、そこを使う人が最高のパフォーマンスを発揮するために必要な環境はどのようなものなのであろうか。どのような温湿度であればオフィスワーカーが集中でき、どのような音環境であれば教員が発する声を学生が明瞭に聞き取ることができ、どのような物に触れていれば園児は落ち着いていられ、どのように部屋の明るさが移り変わっていけばベッドで横になっている患者の体が快方に向けて働いてくれるのであろうか。目標値となる状態がわからなければ、どのような環境をつくったらよいのかわからない。

　さらに、その環境をつくるためにどのような代償を支払わなければならないのか、という視点も欠かせない。費用対効果における費用の部分も考えなければならないのである。目標とする環境を実際に整備するのに必要なイニシャルコストだけでなく、維持・更新していくために必要なランニングコスト、排熱や騒音など周辺環境への配慮が必要であればその交渉や補償にかかる費用も必要である。さらに、そもそも目標となる室内環境は事前に明らかにしておかなければならず、技術的に未完成であれば、社会実装できる程度の完成度に技術を仕上げておかなければならない。そのための研究開発費用も必要となるであろう。

(2) 建設業の特異性と対策

　費用は具体的な数値で示せそうだが、その費用により得られる効果について聞かれてしまうと、あんな想定外な設置条件やこんな予想外の運用により効果を得られませんでした、と後日言い訳しなければならないかもしれない。それは、室内環境をつくり出す建設業が、一品生産であることが多く効果検証しないという選択がなされる場合がほとんどであることによる。このように運用されるはずだからこのような効果を得られるはず、という期待に基づいた効果予想で満足していたともいえる。

　そのような、ある意味で無責任な建設業の現状を変えていくためのアプローチのひとつが、評価である。例えば、天井放射冷房をオフィスに導入した場合、その静けさや気流感の少なさが得られなければ、高額な投資をした意味がない。天井面への放射パネルの設置や冷媒配管の敷設、天井放射冷房には欠かせない除湿換気設備の設置などの投資に対してどの程度生産性を高められたのか、それは計画の通りだったのか、どのような想定外があったのかなどを評価し、その結果を次の計画に活かしていくことで、次第に責任のある室内環境の設計が叶っていくように思う。それを実現するためのツールが評価であり、それを支える評価指標、実験計画法、統計解析である。

2　室内環境の評価の方法

(1) 室内環境の目標値を探す

　室内環境には、そこを使う人の最高のパフォーマンスを引き出すことが求められる。では、最高のパフォーマンスとは一体何で、どのような室内環境の要素がパフォーマンスに影響を及ぼすのであろうか。

　室内環境のうちパフォーマンスに強く影響を及ぼすとされているのが温熱環境である。テストを受ける環境が暑熱であると得点が低くなる傾向がみられ、また寒い部屋は女性の生産性を低下させる可能性があるなど、温熱環境によるパフォーマンスへの影響はいくつも明らかになっている。そこで、温熱環境の目標値の目安となるべく、温熱環境の評価指標が開発されてきており、国際的に標準的に使用されている指標のひとつはISO[1]にも示されている。日本でもその指標はエアコンの制御の目標値の目安として使われている。

写真1　空調制御実験の様子（左：熱画像撮影、右：脳波等生理反応測定）

　温熱環境のパフォーマンスへの影響を把握することができれば、より理想的な温熱環境をつくり出すことにつながる。写真1は、パフォーマンスを高めることを狙った空調制御を開発している実験の様子である。

　目標値となり得る程度に妥当な結論を得るために、実験参加者の数はサンプルサイズ設計という実験計画法に基づき算出する。得るデータのばらつきが小さければサンプルサイズは小さくなり、個人差や日変動が大きな評価指標であれば大きなサンプルサイズとする必要がある。

　ここでひとつ注意しておく点がある。実験を行う際にはあくまでフェアな目で結果を見ることが欠かせない。新しい制御を考案しその効果を検証するときには、その制御による効果はこれまでの制御で得られる効果よりも大きくあってほしいとつい期待してしまう。しかし、本当に大事なのは、期待はどうであれ、新しい制御に効果があるか否かの事実のみである。意味のある差なのか、差があるように見えるだけなのかは、統計的な解析により数値で判断することができるようになる。

（2）室内環境を事前に確認する

　一度建ててしまった建築物の変更は容易ではない。だからこそ、事前の検討は重要なのである。その一方で、事前の検討としては模型などで確認することはあったが、模型と建築物とではサイズ感がまったく異なる。果たして模型から感じた印象と引き渡された建物を使って感じる印象は同じなのであろうか。

　エアコンや自動車などの工業製品は、市場に投入する前に試作品をいくつもつくり効果検証を繰り返す。また、製造台数の少ない航空機であっても、コックピットや客席などを実物大で作成し、問題の有無を検証するそうである。それに対して建築は、事前検討をおろそかにしてきたように思う。

つくりっぱなしが多かった建築の分野ではあるが、事前検討は少し進めやすくなってきた。VRを用いることで、候補となっている様々な空間を事前に疑似的に体験することができるのである。疑似的ではあるが、VRを用いることで、実物の数十分の一や数百分の一の模型を眺

写真2　VRを用いた実験の様子

めて評価するよりは実際の使用時に近い体験や評価が可能となる。

3　大学での研究成果の社会還元

　大学での研究成果は、ISOやJISあるいは学協会による性能評価方法などをまとめた仕様書などに反映されることで社会還元されていく。また、共同研究の成果が製品やサービスに反映されることを通じ、大学の研究成果は社会還元されていく。

　その一方で、忘れられがちなのが、いずれ社会に出ていく学生を通じた社会への還元である。大学の研究室のメンバーと、技術者倫理やエンジニアとしての善悪、失敗体験や成功体験、自分自身で考えることやこだわりをもちそれを伸ばすこと、活躍できる動き方を見つけることなどを一緒に考えていくことで、研究室のメンバーが社会に出た後に、そのメンバーを通じて社会に価値が還元されていくことであろう。筆者はそう期待している。

注・参考文献
1)　ISO 7730（2005）Ergonomics of the thermal environment

（糸井川　高穂）

C 事例調査・社会実験

C-1 構成
建築・都市空間の部分と全体

🔑 keywords　構成　構成要素　構成原理　タイプ

1　建築の構成とタイプ

　構成とは一般に、いくつかの要素をひとつのまとまりに組み立てることおよびその概念的思考であり、建築における構成とは、実体をもつ建築の諸要素とその集合に関する概念である。また、これを構成の単位となる基本要素「構成要素」とそれらをまとめる集合形式「構成原理」という関係に整理すると、すなわち建築の部分と全体の関係を表す概念ということができる。

　建築の空間は、屋根や外壁の囲いによって形成される内部空間に、床、壁、天井といった各部位が規則性を伴って配置されることで成立する。これらの部位が「構成要素」となって、下方には水平面材である床、四周には垂直面材の壁、上方には水平面材の天井を配置するといった、建築の内的な秩序である「構成原理」を基とした配列により、全体としてのまとまりである室が構成される。さらに、このような関係を階層的に積み上げていくことで、室を単位としてそのまとまりとして捉えられる建築ヴォリューム、建築ヴォリュームと外部空間を単位とする敷地全体、建築ヴォリュームや空地を単位とする都市空間というように、各階層における「構成要素」と「構成原理」の関係によって室から都市空間に至る空間構成を捉えることができる。

　建築の構成とは、このように部分と全体の関係を前提として、建築や都市を構成する部位や空間の単位を構成要素として取り出し、それらの間にはたらく関係を検討することから、建築や都市がどのような構成原理のもとで成立しているかを明らかにすることである。さらに、建築の様々な水準における構成要素とその配列の関係には、慣習的に繰り返し用いられるタイプ（類型）を見出すことがで

きる。この建築の構成におけるタイプは、すでに存在するタイプの相対化により浮かび上がる社会的な意味作用の構造を含んでおり、未だ存在しない新たな構成の可能性に接続するものである。

2　住宅にみる部分と全体の関係

(1) 建築の構成における範列的関係と統辞的関係

　建築の構成において部分と全体の関係を形づくる構成要素と構成原理は、文章における単語と文法の関係に置き換えて考えると理解しやすい。例えば、英語で"I lile carrots."という文章は、I（S主語）とlike（V動詞）とcarrots（O目的語）の3単語が文法S-V-Oの順に並んでいる。またこのS-V-Oの順を変えずにそれぞれの単語を入れ替えて"You eat dinner."としても文章が成立する。構成要素と構成原理とは、ここでいう単語と文法に相当し、IとYouのように選択肢となり得る（同時には存在できない）要素間の関係を範列的関係、S-V-Oというあらかじめ定まった要素の配列における原理を統辞的関係という。建築の構成においては、この範列的関係と統辞的関係が様々な水準で存在し、室、内部空間、外形、半外部空間、外部空間、都市空間といった構成は、それぞれ固有の部分と全体の関係を前提に成立している。

図1　文章における範列的関係と統辞的関係

図2　建築における室の構成

(2) 敷地と建築による構成を例に

　土地に定着する建築は、敷地と無関係に存在することができない。日本では、とりわけ住宅において、起伏に富む限られた国土に住宅地などの都市的環境が形成されてきたことから、地形の多様さや歪な形状の敷地、密集市街地における狭小敷地などといった環境の下で、必然的に、建築と敷地との間には緊密な関係が伴ってきた。建築は敷地境界を越えて建てることが許されておらず、例えば、都市部のより建築と敷地条件との関係が拮抗した環境においては、建築の形状や配置、規模

と、敷地との間に形成される物理的な構成関係を認めることができる。庭の確保や内部空間の採光のために敷地境界から建築の輪郭をセットバックしたり、建築の構えや周辺との調和を意図して道路や隣地境界に平行に外壁を配置したりといった操作は、敷地境界に対する建築の形状の部分的な対応とその集積が形づくる全体という、敷地と建築による構成関係として説明することができるのである。

　図 3 の住宅（House SA 1999）を例に、建築の平面形状と敷地境界との構成を考えてみる。この住宅は、道路からみると、敷地の奥に向かって幅が狭くなる不整形な四角形の敷地形状に対して大小関係のある 2 つの建築ヴォリュームが配置されている。そのうち、大きい方のヴォリュームの平面の輪郭形状は、道路を基準とする直交座標とそれに斜行する線分とで形づくられており、敷地の形状に対して一部に同一角度の頂点を有すなど共通性がみられるものの全体としては独立した形状である。また、これを大小のヴォリュームが組み合わさった全体の形状として捉えると、敷地の幅の変化に追従する関係を読み取ることができる。ここでは、建築の平面輪郭と敷地境界が構成要素となり、それぞれの形状を範列的関係、互いの形状の類似性の有無を統辞的関係とする部分と全体の関係〈適応関係〉が成立している。

　次に、大きい方のヴォリュームの平面輪郭と敷地境界を構成する線分同士の関係を捉えると、道路境界と左側隣地境界の 2 か所では平行がみられるが、その他の箇所では非平行となっており、道路側の境界を基準としつつも敷地の奥側においては敷地に準拠しない平面輪郭となっている。ここでは、建築の平面輪郭の各線分、敷地境界の各線分が構成要素となり、それぞれの線分同士の平行／非平行を範列的関係、道路境界と隣地境界における平行／非平行関係の組み合せを統辞的関係とする部分と全体の関係〈平行関係〉が成立している。

　このように、平面形状と敷地境界の関係は、以上の 2 つの水準における部分と全体の関係の組み合せによって位置付けることができ、ここに敷地境界に対する建築の平面的な形態の調和的あるいは対立的な性格が示されることになる。なお建築と敷地による構成は、このほかにも、地形と建築の断面形状、道路とそれに面する立面の形状などといった、断面、立面の階層においても成立する。従って、敷地は単なる与条件（設計の前提として与えられる条件）ではなく、建築との相互的な関係において建築の意匠を成立させる重要な構成要素のひとつという

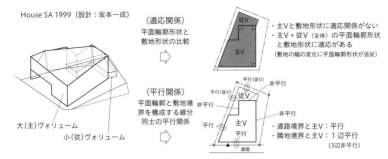

図3　敷地と建築による構成

ことができる。建築の構想段階において、具体的な建物の規模や形状を想定しつ
つ、敷地図を前に四角や円を描いていく工程には、このような敷地と建築の構成
に関わる原初的なスタディが含まれているのである。

3　持続的な地域社会への接続

　建築のデザインには、地域の自然環境や風土、文化・産業とそこでの人々の活
動、コミュニティとが密接に関連して成立してきた居住環境・空間を捉え直し、
持続可能な地域社会を構成する空間のあり方を位置付けていくことが求められ
る。建築や都市空間は、人々の様々な活動を経験として含み込み、その結果ある
いは経過として表出する物理的環境を伴うという視点に立つことで、そうした事
物の関係を内包する空間の秩序を構成の問題として捉えることが可能になる。都
市における外部空間の領域的な性格と人々の行動の関係を街路の建物とそこに置
かれた家具や人の動きから捉える、地域の集落的な空間と生業の関係を住居や仕
事場、資源や生産物の運搬や工程から捉えるといった試行は、物理的な要素と活
動の集合形式として既存環境を位置付けるとともに、そこから空間の活用や新た
な居住環境の創造の可能性を発見する手立てとなる有効な視点になり得る。

参考文献

坂本一成ほか（2012）『建築構成学 建築デザインの方法』実教出版株式会社

日本建築学会編（2008）『建築論辞典』彰国社

遠藤康一ほか（2015）「敷地境界との関係に見る不整形敷地に建つ住宅作品の平面輪郭——建築と敷地
　　の対応関係に関する研究」『日本建築学会計画系論文集』第 80 巻第 709 号：579-589

（遠藤　康一）

C-2 空間構成における操作の可能性を検討する

🔑 keywords　**類例調査　空間構成**

　建築の設計に際しては、諸空間に求められる機能や規模を前提として、空間の配列や空間同士の接続関係、空間の分節と架構システムの関係といった、空間構成にかかわる複数の水準の操作の可能性を検討する必要がある。この検討では、例えば、類似した用途の建築事例を参照することから、実在する建築における機能と空間の関係付け方のヴァリエーションを捉え、それを基に設計する建築の空間構成を検討するという、類例調査の手法が採られることがある。

　具体的には、敷地と建築の規模の関係、内部空間における機能の複合の仕方、敷地から建物へのアプローチや機能間をつなぐ動線、外部空間の機能配置のあり方などといった、建築全体の空間的な骨格を形成する要素同士の関係に関するものである。また、より小さなスケールでは、室の形状やプロポーション、家具の配置などの個別の空間のレイアウトに関するものもある。

　一方、例えば、地形や敷地の形状、周囲の建物や町並みなど敷地周辺の物理的な環境と建築の形態の関係などは、必ずしも空間の機能との関係からは浮かび上がってこない空間構成上の操作といえる。こういった空間の物理的な水準の操作の可能性に関する検討にも類例調査が有効である。

参考文献

日本建築学会編（2005）『第3版　コンパクト建築設計資料集成』丸善出版

（遠藤　康一）

C-3 統計分析を用いたグローカル研究の進め方

🔑 keywords　統計分析　国際　地域

1　グローカル研究の研究フロー

　建設マネジメントに関して、国際・地域間比較の研究がある。例として、日本の請負業者（contractor）とスイスの施工業者（constructor）の国際比較、少子高齢化時代における人手不足に対応するため地方建設現場への省力化技術の導入と適用に関する研究がある。また、エネルギー開発と環境分野のグローカルな研究もある。例として、再生可能エネルギー普及に対する学生のリスク認識に関する国際比較分析、中国大都市圏の大気汚染問題の研究がある。グローカル研究は、視野が広く難しいが、グローカル研究の研究フローがある（図1）。主たる分析方法は、統計分析であるが、分析前の作業が非常に大切である。

　具体的な研究テーマを探すことと決めることが一番難しいことである。そのためには、現状において対象地域で何が起きているのか調査することが必要となる。国際研究や地域研究も実際の状況が把握できないと、研究課題を見つけるこ

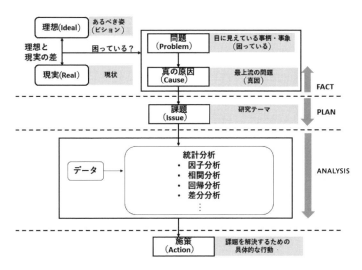

図1　研究フロー

とができない。したがって、研究に関する人的ネットワークを構築して、利害関係者と信頼関係を構築することが大事である。そして、多くの調査を行うことも必要である。また研究課題をまとめるために問題の構造分析も必要である。そして、この課題を解決するため、どのようなデータを収集するかを決め、統計分析を用いて、データを分析し、分析結果に基づき、課題を解決するための具体的な行動を提案することが重要である。

2　グローカル研究の例

(1) 中国の天津市における大気汚染に関する環境政策の影響：差分分析

　2017 年、中国政府は、策定した大気汚染防止および管理行動計画の目的を達成するためのイニシアチブの一環として、中国主要都市の大気汚染を規制するための「最も厳格な指揮統制」指令を制定した。この調査では、天津市を対象に、実施地域と非実施地域の住民に、大都市での規制適用前後にアンケートを実施することにより、大気汚染に関するリスク認識、彼らの認識に影響を与える要因、認識の変化に関する一般の見解を特定した。調査から得られたパネルデータを比較分析した（図 2）。4 回にわたる調査で、天津の都市部と農村部に住む回答者が抱くリスク認識の変化をまとめたものである。この図は、都市部の人々のリスク認識が地方の人々のリスク認識よりも高かったことを示している。規制実施前は、都市部と農村部の両方でリスク認識が減少傾向を示したが（Wave 1 と Wave 2）、実施後は、都市住民のリスク認識は増加した（Wave 3 と Wave 4）。

　2017 年 10 月から 2018 年 3 月までの規制区域として指定された区域と指定されなかった区域の間の規制実施前後のリスク認識の変化の違いを表した。統計分析を用いて、規制実施前の傾向を説明するために、図 3 に、都市部（トリートメント群）と農村部（対照群）のリスク認識レベルの経時変化をプロットした。図 4 中の網掛け部分は、環境政策の実施期間（2017 年 10 月〜 2018 年 3 月）を示す。この図は、2017 年 4 月から 2017 年 10 月の初めまで、トリー

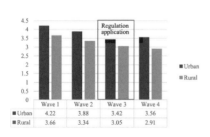

図 2　都市部と農村部での 4 つの調査波におけるリスク認識の比較

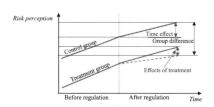

図3　環境政策の影響を評価するモデル

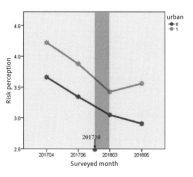

図4　リスク認識の平均値の傾向

トメント群と対照群のリスク認識レベルがほぼ同様な傾向で減少したことを示している。しかし、環境政策の実施後、都市部の人々のリスク認識は大幅に増加した。この結果は短期的政策は人々のリスク認識（不安）を低減させることができないことを示した。

（2）地方公共工事の入札制度に関する発注者のリスク認知の調査・分析

　近年、各自治体における土木工事において、くじ引きによる落札が全国的に増加傾向にある。省力化技術や技術者による工夫によって工事費を安くできるにもかかわらず、公共事業では、下限値が決められているため、純粋な価格競争にならない。また受注は運任せとなるため、経営と技術力に優れている企業ではなく、不良不適格な企業が受注する可能性もある。これでは、企業の技術力向上に対するモチベーションは低下し、将来的に建設業界全体が疲弊しかねない。本研究では、青森県・栃木県・高知県における発注者108名を対象にアンケート調査を行った。各項目のリスク認知と発注者の属性および影響要因に関する相関分析の結果を表1に示した（有意確率が高い項目のみを掲載）。各項目のリスク認知を従属変数、発注者の属性と影響要因を独立変数として重回帰分析を行った結果を表2に示した（有意確率が高い項目のみを掲載）。相関分析や重回帰分析の結果から、現在の入札制度の使用中のルールが、建設会社の信頼性や発展に関するリスク認知に影響を与えている可能性があることがわかった。建設会社の信頼性に関しては、要因として発注者が入札時に受注者の情報をよく把握していないことが挙げられる。また、建設会社の発展については、労働者の働き方を守るシステム

表1 相関分析結果		
リスク認知	影響要因の項目	相関係数
工事発注	海外情報	0.207*
工事発注	現場情報	0.230*
工事実施	積算・契約経験有無	-0.286**
工事実施	使用中のルール	0.202*
技術者	使用中のルール	0.275**
建設会社信頼性	使用中のルール	0.359**
建設会社の発展	使用中のルール	0.289**
建設会社の発展	現場情報	0.205*

表2 重回帰分析結果		
従属変数	独立変数	標準化係数 β
工事実施	積算	-0.700**
技術者	発注者の学歴	-0.344*
建設会社信頼性	使用中のルール	0.503**
建設会社の発展	使用中のルール	0.420**
建設会社の発展	調査県	0.382**
建設会社の発展	年齢	0.331*
建設会社の発展	現場監督経験有無	0.517*

が構築されていないことが要因であると思われる。

3 おわりに

　国際的な研究を行うことで、他国の弱点と強みを理解することができる。これは私たちが強さを学び、弱さを克服するのに役立つ。国際研究には地域の発展を検討する際、他国を参考にできる効果もある。今後は、地域のさらなる発展のため、海外と連携し、地域の優れたプログラムの海外への導入を目指す。

参考文献

Lingling Wang, Tsunemi Watanabe（2019）Effects of environmental policy on public risk perceptions of haze in Tianjin City: A difference-in-differences analysis. *Renewable and Sustainable Energy Reviews*,Vol.209: 199-212.

（王　玲玲）

C-4 社会・実証実験の事例

⚲ keywords　社会・実証実験

　社会実験とは、新たな施策を本格的に実施する前に、地域の人々と場所や期間を限定して試行するものである。社会実験によって、新たな施策の課題や効果を施策実施前に知ることができる。また、それをもとに本格的に施策を導入したり、実験期間を延長しさらにデータを集めてみたり、さらには本格導入を見送ったりするなどの判断ができる。社会実験の例には、地域における賑わいの創出、まちづくりまたは道路交通の安全の確保等がある。

　宇都宮市の中心市街地においてトランジットモールの社会実験を実施した。トランジットモールとは、自動車の通行を制限し、歩行者と公共交通機関のみ通行可能とする道路空間である。宇都宮市の実験では、片側 3 車線の道路で、1 車線を公共交通であるバスのみ通行可能にし、空いた道路空間を歩行空間として活用し、賑わい創出の実験を行った。また、近年では、様々な交通手段をあたかも一つのサービスのように使える MaaS の社会実験も実施した。通常は移動手段ごとに経路や時間を検索し、予約や決済も個別に実施するが、MaaS は、移動するときに目的地を決めると、そこまでの移動手段の予約や決済をシームレスに行うことができ、スムーズに移動できる。しかしながら、MaaS の導入は、料金設定や利用者が受け入れてくれるのか読み取れない部分があることから、宇都宮では、バスを定額利用できる期間を決めてモニターに利用してもらった。

　また、社会実験と同様のまちなかでの実験の種類に、実証実験がある。実証実験とは、企業や研究機関などの新たなサービスや技術について、期間を限定し試行するものである。スマートシティを目指している宇都宮市では、各種実証実験のひとつとして、まちなかに AI による人物判定が可能なカメラを複数設置し、通行者数や賑わっている時間帯などの調査が行われている。

参考文献
宇都宮 MaaS 社会実験　https://www.machidukuri.org/news/272
U スマート推進協議会　https://www.city.utsunomiya.tochigi.jp/shisei/machi/1025730/index.html

（長田　哲平）

Chapter 2

共有する

share

　地域デザインにおいて「共有する」はなぜ重要なのだろうか。共有とは、多様なアクターが、地域課題や未来のビジョンについて納得し合い、共に行動していく（協働する）という意思をもつための一連の営みである。地域の課題解決はもとより、私たちにとってのありたい未来の地域を実現するためには、現状を知り、ありたい未来を描き、そこに生じるギャップを把握することから始まる。本章では共有するための技法として、A「アイデア創出・合意形成」B「都市調査・地域情報のマップ化」を紹介する。地域デザインでは、PART I で示した通り、対話の技術と視える化の技術を極めて重視している。なぜなら、それが共有を促す上で最も重要だからである。一部の組織やセクターが課題解決に取り組むのみでは解決できない、複雑で多様な課題が出現しているのが現代である。GIS（地理情報システム）を用いるなどマクロな視点から現実や課題を共有する技法のほか、一人ひとりの活動や小さな空間に着目し、ミクロな視点から現実や課題を共有する技法も学ぶ。

A アイデア創出・合意形成

A-1 花と緑を通して地域を元気にする復興支援活動
千葉県旭市のガーデンを事例に

🔖 keywords　東日本大震災　復興まちづくり　花と緑　住民コミュニティ　ワークショップ

1　活動と対象地の概要

　2011年3月に発生した東日本大震災により、太平洋沿岸部の広範囲が津波被害を受けた。東北地方に比べると被害は小さかったが、千葉県でも津波被害が発生した。筆者は震災の年に千葉大学園芸学部に入学し、同県内の津波被災地である旭市沿岸部において復興支援活動と研究活動を並行して実施してきた。本稿では、筆者らが当時学生としてかかわってきた活動の開始から終了までのプロセスを追いながら、地域課題への取り組みや効果などを紹介する。

　旭市は千葉県北東部に位置する自治体で、人口は2011年3月1日時点で6万9918人、震災後2021年9月1日時点で6万4164人に減少した（旭市住民基本台帳より）。関東地方最大である7.6mの津波が観測され、県内最多の13人の死者・336戸の全壊住宅が発生した。しかし、被災エリアが限定的であったことや、ほとんどが都市計画区域外であったことから、東北の被災地で導入された集団移転や建築制限などの面的な復興事業は導入されなかった。このため居住を続けるかどうかは住民の意思のみで選択された。被災した沿岸部を離れて転出する世帯が一定数存在し、沿岸部は空き地がモザイク状に広がる土地になっている。

2　学生による復興支援活動

（1）活動のはじまり

　震災から2年が経過した2013年、旭市などとの共同プロジェクトとして活動が開始した。旭市では2012年5月に仮設住宅が完成し、2014年からは復興公営住宅への入居が開始した。このため、ある程度住民の生活が落ち着いた時期に活

動を開始したといえる。事前に住民に対するヒアリングや現地調査を行った上で、2013年8月に開催されたまちづくりワークショップにて、活動内容の検討を行った。住民など50名が参加し、学生が事前ヒアリングをもとに作成した3つの案をベースに、グループ別にふせん紙を用いたワークショップ形式の議論と発表を行った。学生はファシリテーターとして各グループの議論をまとめる役割を担った。3案はそれぞれ「被災沿岸部へのベンチ配置」「津波跡地に花を植える」「震災後に新設された津波避難タワーの周知」がテーマであったが、このうち津波の記憶を残しながら多くの住民が参加でき、そして荒れて寂しい津波跡地を元気づけることができるということ、また園芸学部としての支援であることから「被災跡地に花を植える」案を取り入れ、コミュニティガーデン（以下、ガーデン）をつくることが決定した。

　ガーデンは津波被害を受けた土地のうち、市役所の担当課と協議の上で確保できた敷地にて2013年10月から施工を開始し、沿岸部で計2ヶ所を整備した。デザインは学生が中心に考え、専門家の意見を聞きながら、現地で調整して決定した。ガーデンの管理はこのときに立ち上がった「花と緑で旭を元気にする協議会（以下、協議会）」のメンバーや、市内で花屋を営む方の協力によって維持され、学生はその後約2年間、管理のために2〜3ヶ月に1回現地に通って作業を手伝った。

（2）地域への展開

　花を植える以外にも、津波の記憶を伝承しながら防災を周知するイベントの実施を行うことになり、学生が手作りのイベントを企画、実施することになった。2013年12月に「親子防災ウォークラリー」を実施し、参加者は市内の約20組の親子であった。ワークショップの案のひとつにもなっていた避難タワーの周知という要素も加えて、津波被災エリアを歩きながら、各ポイントにて防災に関するクイズの実施、津波避難タワーを高齢者疑似体験装備を着けてのぼる体験、そしてガーデンで花を植える体験を行い、ゴール地点では防災グッズ配布と炊き出しを行った。

　また2014年3月には3年目の追悼のタイミングに合わせて、市内で課題になっていた荒廃竹林の管理を組み合わせた「竹灯篭づくりイベント」を実施した。さらに活動はガーデンにとどまらず、防潮堤の海側に海岸防災林を造成する活動に

住民ワークショップの様子（2013.8）

ガーデン施工の様子（2013.12）

ウォークラリーの様子（2013.12）

植樹イベントにて講義（2015.8）

写真 1　活動の様子

もつながった。2015 年には植樹イベントを実施して、学生が大学で学んだこと
を子どもたちに講義形式で教えた後に、実際に現地で一緒にクロマツなどの苗を
植えた。2021 年現在では、背丈を超えるほどの立派な林に成長している。

(3) 活動の終わり

　筆者らは 2015 年まで継続して現地へ通い、ガーデン管理作業を手伝っていた。
その後はコミュニティガーデンの理想的な姿である「地元主体で地元住民が管理
する」スタイルで協議会へ引き継ぐことができた。その後、ガーデンは 6 〜 7 ヶ
所に展開して管理が続けられ、地元の小中高校生と合同での管理作業も行われ
た。当初は 2021 年 7 月に聖火リレーにてガーデン前を通過し、復興の様子を見
ていただく予定であったが、感染症拡大の影響でリレー実施が中止になってし
まった。このため千葉大生が最初に造成を手伝った 2 つのガーデンは、2021 年 9
月時点では維持されていない状態である。震災から 10 年が経過してガーデンは
その役目を終え、協議会の代表の高齢化や、感染症の蔓延などの様々な要因が重
なったタイミングで活動自体が終了した。

　筆者は本稿で紹介した旭市以外の被災地においても並行して、コミュニティガーデンづくりを通した復興支援を行ってきた。花を植えることの意味は、誰でもできること、ひとりでも大勢でもできること、特に一年草の場合はすぐやめられること、体を動かせることなど様々であると考えている。荒れた土地、傷ついた土地を癒やすために花を植えるということは、自然な発想なのかもしれない。

　学生が地域に入ることで、地元市役所と地域の高齢者、親子世代をゆるやかにつなぐ役割も果たすことができたと感じる。地域住民がやりたいと考えていることをすくいあげ、市役所の方々と密に連絡を取りながら進めることで、住民の方には花のある風景や学生との交流をとても喜んでいただいた。地域活動へ地域外から入り込むことで、調整役としての役割を円滑に果たすことができ、最終的には地域住民が主体となるかたちで、ガーデン運営を引き継ぐことができたことが良かった点だと考えている。

　本稿で紹介したガーデンは、土地利用だけ見れば短い期間しか維持されなかった。しかし、大学としては地域に入って活動を開始し、大学の役目を果たした段階で活動を地域に引き継ぐことができた。さらに地域も活動を展開後、積極的に活動に一区切りをつける選択をすることができた。

　花そのものは土地に残らないため、当初はガーデンに手入れが必要だからこそ、地域に関わり続けるきっかけとして機能した。そして支援を終えても住民が無理せずに管理を続けることができ、さらには自分たちのタイミングで活動自体を気軽に終了できるガーデンは、活動の開始と終了のハードルを下げながらも、満足度の高い体験を提供することができたといえる。

参考文献

荒木笙子・秋田典子（2016）「千葉県旭市の津波被災地を対象とした現地復興の実態に関する研究」『ランドスケープ研究』第 79 巻第 5 号：pp.611-616

（荒木　笙子）

A-2 地域住民のニーズ（要望）の把握

🔑 keywords　ニーズ　地域資源　アセスメント　プロファイリング

　地域住民がかかえる社会的課題を解決するために、私たちが実践的な活動を行うには、地域住民のニーズ（要望）の把握が重要になる。宇都宮大学地域デザイン科学部の地域プロジェクト演習の「まちの縁側」をテーマにした事例では、学生たちは頻繁に地域に足を運び、まち歩きを実施することで地域資源の把握を行い、高齢者サロンや地域の勉強会などへの参加、アンケート調査等を通じて地域住民の意見を把握した。学生たちは把握した地域ニーズに基づき、まちの縁側となるベンチの作成・設置、地域資源を可視化する縁側マップの作成、まちの縁側を周知するイベントを実施するなど、「まちの縁側」という地域交流の場の創出、活用に向けた仕組みづくりを成し遂げた。

　重要なのは、地域住民の声からニーズを把握することに加えて、地域資源の過不足などからニーズを推測・把握し、双方を関連付けながら地域ニーズとして読み・解いていくことである。ニーズを把握する手法は、地域アセスメントやコミュニティ・プロファイリング、地域診断など、特に福祉分野のソーシャル・スキルに代表される。学習にあたり、以下の書籍が参考となる。

参考文献

川上富雄編著（2017）『地域アセスメント──地域ニーズ把握の技法と実際』学文社

ホーティン, M.・パーシー–スミス, J. 著、清水隆則監訳（2018）『コミュニティ・プロファイリング』川島書店

（野原　康弘）

A-3 まちづくりの決定プロセス

🔑 keywords　**市民参加　協働　パブリックコメント　ワークショップ**

　1990 年代頃まで、日本のまちづくりは、自治体が主導的に行うことが多かった。しかしながら、経済、社会情勢の変化、価値観の多様化など、まちづくりをめぐる環境も変わり、市民参加・協働が求められるようになってきた。

　まちづくりには、新たな計画や公共事業が伴う。そのため、自治体では、事業や計画について意見を聴取する説明会や、計画を一定期間開示し市民からの意見を募るパブリックコメントなどが行われる。また、計画の策定プロセスにおいても、住民と共にワークショップなどで計画を策定していく手法も出てきている。

　栃木県佐野市では、公共交通の空白地域へ新規バス路線を導入する際にワークショップを実施し、住民と共にルートなどを決めた。ただ実際のバスの運行にあたっては、バスが安全に運行できる道路条件であるか、バス停留所を設置できる場所があるかなどの確認作業が必要であり、必ずしも住民が望んだすべての場所にバス停留所を設置できるわけではない。このように確認と調整を繰り返し、ワークショップを重ねた。住民のなかには、いずれ必要になるからバスを通してほしいと思う人もいる。そう思う人がたくさんいても、開通後に利用者がいない（少ない）状況が続けば、結果、その路線を維持していくことは難しくなり、負のスパイラルに入っていく。そうなった場合には、再びワークショップを開催するなどして住民と共に見直していく必要がある。

　このように、まちづくりの決定プロセスでは、繰り返し議論を重ねて育てていかなければならない場合がある。

参考文献
佐野市（2018）「佐野市地域公共交通網形成計画」
森田哲夫・湯沢昭編著『図説わかる交通計画』「12 章 市民生活とモビリティ」学芸出版社：146-157

（長田　哲平）

A-4 組織間ネットワーク分析と協働

🔑 keywords　ネットワーク　組織・人　リソース（資源）　協働　調整　合意

1　社会課題の解決に必要な協働アプローチ

　社会・地域における課題や問題といった場合、どのようなものが挙げられるだろうか。ここで、身近な生活空間である近隣から、小中学校区、地区、市町村、都道府県、地方、国、国際社会といった狭域から広域までのエリアを考えてみよう。ミクロ空間からマクロ空間までの各々の次元に多種多様な課題が存在していることがわかるであろう。

　例えば、近隣では生ごみなどの焼却ごみを出す曜日の指定を守らない人がいて、悪臭が生じてしまうケースや、野良猫やカラスがごみ袋を破ってしまってごみが散乱してしまうケースがある。また、粗大ごみや電気・電子機器など回収リストにないごみが置かれていた場合には、それが放置されたままになっているケースもあろう（環境問題）。

　校区や地区では通学路に、車の往来や人目の付きにくい暗がりや死角があって、児童・生徒の安全が保てないと親が心配するような箇所が存在する場合がある。あるいは大量の雨が降った際など、傾斜地の土壌が崩れたり、河川などが増水・氾濫したりする危険がある箇所があれば、親の心配の種は尽きないであろう（安全・防災問題）。

　市町村や都道府県単位においても、例えば、ある市町村では風力、バイオマス、太陽光といった自然再生エネルギーに注目し、積極的な導入を進める計画を立てたとしよう。ところが、そのための設備を海上や山林に設けて、開発を進めるのは容易ではない。住民の間での受け止め方が異なるからである。山林の保護を強く主張する人は樹木の伐採に反対するであろうし、電気の安定供給や料金を重視して、従来の石炭火力や原子力による発電もやむを得ないと考える人もいるだろう（エネルギー問題）。

　国や国際のレベルでも、例えば紛争・内戦国からの難民の受け入れをめぐり、国によってスタンスは様々であろう。人道的見地から積極的に受け入れるべきだ

と考える国民もいれば、財政的負担や治安の乱れを恐れ、受け入れを拒否すべきだと考える国民もいる。また、紛争国への介入の度合いや支援の仕方をめぐり各国政府の対応は異なる（国際紛争問題）。

こうして挙げただけでも、環境、安全・防災、エネルギー、紛争といった課題が存在することがわかる。それ以外にも教育、医療、福祉、運輸、雇用、居住、移動など、人間による何らかの営みが展開されている世界には、必然的に課題が伴う。

組織間ネットワーク分析は決して万能ではないものの、社会・地域の諸課題を解決し、新たな価値を生み出し、それを柔軟に持続していくための有用なツールである。組織や人のもっているリソース（資源）を調達し合い、単一組織では決して達成できない目的や目標をネットワークの力、換言すれば協働アプローチの力で実現しようとするものである。以下、具体的に見ていこう。

2　組織間ネットワーク分析とは何か

ここでは組織（アクター）のリソースを、①人材、②専門知識、③財源、④権限、⑤正当性、⑥コミュニケーション、の6つに設定する。

まず、組織については有志の集まり、愛好会、任意団体といった緩やかなものから、行政、企業、各種法人、NPOといったイメージ的に堅固な組織まで幅広く捉える。その意味では大学の研究室やゼミも組織に含まれる。

1つ目に、「組織は人」といわれるように、人材は重要・不可欠なリソースである。これからの時代、AI（人工知能）が人材を代替する機能を果たすともいえるが、それでもAIをコントロールする人材は欠かせないであろう。人材のない組織リソースは考えられない。

2つ目に、専門知識や状況の変化に応じた知識の獲得は課題解決に不可欠である。これには法律や制度に関してだけでなく、その実務的な手続きについての知識なども含まれ、同時に知識を有効に使いこなす知恵も含まれる。

3つ目に、「先立つものは○○」ともいわれるように、貨幣経済社会では財源（金銭、予算、資金）がなければ、活動や事業自体が成り立たない。自前で有しているか否かという以外に、寄付やクラウドファンディング（CF）といった工夫も含めた財源調達力を指す。

4つ目の権限について、国の法律、政令、省令のみならず、自治体の条例、要

綱、要領、さらには企業や団体組織の規則やルール、コンプライアンスなどの範囲内であるかどうかが問われる。組織によって権限の強弱はあるし、どんなに関係者間での共通合意があったとしても違法行為を犯すことはできないし、事業を行うには権限が必要である。

　5つ目の正当性は、社会的認知あるいは社会的信頼ともいえよう。ケースによって異なるものの、当該分野において資格を有する人材や法人組織などへの社会的信頼は、無資格や非法人の組織よりも高い傾向がある。

　6つ目のコミュニケーションは、当該組織の情報収集力・発信力、他組織との合意形成に向けた調整力を指す。前者では電子媒体でも紙媒体でも、関連情報に日頃からアンテナを張り、また人間関係から得られた多方面からの情報の獲得と、取捨選択かつ整理した情報発信力が問われる。もちろん、調整力には「聞く力」も含まれる。

　事例として、再生可能エネルギー、特に水の落差を利用する小水力発電の普及に取り組むNPOが、ある中山間地域に発電設備を設置するケースを考えてみよう。河川や農業用水の水路に適地を見つけたとしても、目的（電力需要を賄うだけでなく売電も行うのかなど）、方式（河川水をそのまま利用する流れ込み式なのか、それとも河川からの導水路を使った水路式なのかなど）、その土地の所有者との交渉や水利権をめぐる調整、事前調査や工事にかかるコスト、設備設置に対する補助金の申請、発電にかかわる再生可能エネルギー特別措置法に基づく法的手続き、環境学習の場としての活用方策など、多岐にわたる実務上の課題をクリアしなければならない。

　電気事業者はもちろん、設備資金の調達においては地元金融機関の、書類作成や手続きにおいては当該自治体の担当部局の、他地域の事例など情報収集においては全国小水力利用推進協議会といった全国組織の、地元理解には自治会・町内会の、環境学習をめぐっては学校関係者の、PR活動には地元メディアからの支援・協力や合意を得なければならない。

　このように小水力発電設備の設置一つを取っても、環境に優しい再生可能エネルギーの普及をといったまちづくりの理念・理想だけでは、実際に事業を進めることはできない。自分たちにはない、あるいは自分たちには不足しているリソースを調達・融通し合う協働のアプローチが不可欠となる。

表1 組織間ネットワーク分析による協働アプローチの枠組み

リソース／組織	A	B	C	D	E	F
人材	◎	○	○	△	△	★
専門知識	★	○	○	○	◎	★
財源	○	◎	×	★	×	×
権限	×	★	△	×	△	△
正当性	△	◎	★	○	○	◎
コミュニケーション	○	△	◎	△	★	○

　表1は、社会・地域の課題解決やまちづくり・地方創生において、どのような分野、事業、規模であっても適用できる組織間ネットワーク分析による協働アプローチの枠組みである。

　表中のアルファベットは組織を指し、当初の地方創生で政府が強調した「産官学金労言士」を例示的に捉え、A：企業（私的セクター）、B：行政（公的セクター＝政府、自治体）、C：小・中・高校、大学、専門学校、D：金融機関、E：メディア・労組、F：弁護士や医者など専門資格をもった職業人と生活者としての知恵をもつ住民、と設定した。リソースについては、★（強い）、◎（比較的強い）、○（普通）、△（比較的弱い）、×（弱い）の5つとした。

　表1中の★や◎を組織間でどう相互連関させ作動させるかが鍵となる。もちろん、個々のケースによって、6つの組織類型には当てはまらない場合や、関係組織数が6つ以下あるいはそれ以上の場合もあるだろう。リソースの強弱が全体として偏るケースもある。

3　組織間ネットワークと協働の課題

　気を付けたいのは、ネットワークや協働は「両刃の剣」だということである。多様な主体（アクター）による協働には一見、耳触りの良いイメージがある。しかし、責任の所在や役割分担が不明確になり、結局は何も生み出せない「絵に描いた餅」で終わる危険がある。

　単独組織での心地よい意思決定とは異なり、他組織との摩擦、調整、合意形成、価値観のすり合わせは、地道で面倒でやっかいな取り組みを辛抱強く積み重ねていかなければならない類のものである。社会・地域に貢献する事業が実現したとしても、それを安定的に継続させるには、状況の変容に柔軟に対応し、さらなるネットワーク形成も不可欠となる。しかしそこにこそ醍醐味があり、私たちは組織間の協働アプローチを追求しなければならない。

参考文献
藤井浩司・中村祐司編著（2017）『地方自治の基礎』一藝社

（中村　祐司）

B 都市調査・地域情報のマップ化

B-1 地理情報システム（GIS）を用いて外来生物の侵入をモニタリングする
地域のハクビシン対策に求められる分布情報

🔑 keywords　地理情報システム（GIS）　外来生物管理　ハクビシン

1　私たちの身近に迫る外来生物

　私たち人間の暮らしは、清浄な空気や水、作物を育てる土、燃料や建材となる木材、動物や植物に由来する食料など、豊かな自然の恵みに支えられている。これらの、生態系あるいは生物多様性から人間が受ける利益のことを「生態系サービス」という。自然公園の森林、農村の里山、河川・湖沼やその周辺の湿地、神社の社叢林や公園の緑など、身の回りの自然は、人間の生存基盤となる生物多様性や生態系サービスの源泉となる。

　ところが、都市開発や幹線道路の設置、あるいは地球規模で人や物の移動が盛んに行われることに伴い、人間は生態系を攪乱し、生物多様性を著しく損ねている。特に、日本の各地で大規模開発が行われた高度経済成長期以降になると、外来生物の侵入問題が各地で顕在化するようになった。外来生物が侵入することで、その地域にもともといた在来生物が消失したり、動物と人間に共通する感染症の脅威が生じたり、これまでは見られなかったような病虫害が農作物や樹木に被害を与えたりする例が報告されている。このため外来種のなかでも、生態系や農林水産業、さらには人間の身体にも被害を及ぼすことのある生物は、2005（平成17年）に成立した外来生物法により「特定外来生物」に指定され、国や地方自治体による防除の取り組みも行われている。

　今日でも外来生物の侵入は各地で広がり続けており、一部では深刻な地域課題となっている。私たちが定期的に健康診断を受けるように、地域の外来種をはじめとした自然環境を定期的にモニタリングしながら、適切な対応をとることは、

地域の健全な持続可能性を確保するためにも不可欠である。

2　GISを用いた地域への外来生物の侵入モニタリング

　地域の自然環境について、その現状を関係者で広く共有したり、適切な対策を検討したりする際には、検討に必要な科学的な情報が明示されたマップがあれば役立つだろう。今日では、コンピュータ技術の進展によって、GISや衛星データを用いたリモートセンシングが実用可能な科学技術として普及しており、地域環境の評価や将来予測にも用いられるようになった。ここでは、地域の外来種対策の検討を行うために必要な情報を、GISを用いて整備する手法について紹介する。

（1）外来生物ハクビシンとその影響

　ハクビシン（*Paguma larvata*）は、食肉目ジャコウネコ科の中型哺乳類で、原産地は東南アジア、中国南東部、台湾などである。日本のハクビシンは、DNA分析の結果から、台湾から移入された個体が含まれることが明らかになっている。1930年代に福島県や静岡県等で産業利用のために毛皮獣として移入、飼育されていた個体が戦後に逸出して拡大したと考えられる。環境省が全国の自治体を通じて情報を収集してまとめた分布状況を見ると、ハクビシンは本州、四国を中心としてすでに全国に分布を広げている。

　ハクビシンは、移入時期が明治期以前とされているため、外来生物法による特定外来生物の指定を受けていない。しかし、ハクビシンは、環境省・農水省による「我が国の生態系等に被害を及ぼすおそれのある外来種リスト」において、総合的な対策が必要な「重点対策外来種」としてリストアップされている。すでに被害が顕著に生じている、東京都、滋賀県、愛知県、佐賀県等の地方自治体では積極的な対策に乗り出している。

　宇都宮市経済部農林生産流通課によると、ハクビシンによる農作物被害額は2016年以降増加傾向にあり、また捕獲頭数も急増している。市が2017（平成29）年度に策定した宇都宮市鳥獣被害防止計画によると、ハクビシンによる農作物被害金額はイノシシに次いで多く、イチゴ、トウモロコシ、ブドウ、ナシ

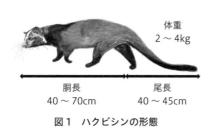

体重
2〜4kg

胴長
40〜70cm

尾長
40〜45cm

図1　ハクビシンの形態

等に被害が生じている。農作物被害以外にも、家屋や社寺の木造の建築物に、爪痕や糞尿による汚損被害が生じている。市街地のごみ捨て場においても、生ごみをあさるハクビシンによる生活被害が認められる。

（2）GISを用いたハクビシン分布状況のモニタリング

ハクビシンに対する効果的な対策を行うためには、被害状況や生息分布について情報を把握し、地域できめ細かな捕獲を行う必要がある。ハクビシンに関する情報は、国および都道府県スケールでは、環境省による5kmメッシュで整理した全国の分布情報が提供されているものの、市町村や地域の詳細なスケールで情報を把握する手法は、種の識別に課題があるため正確な情報が入手しにくいアンケートによる方法以外は知られていなかった。

そこで筆者らは、ハクビシンの鳥獣害対策を目的とした市町村の許可捕獲に関する情報に基づいて、分布情報を可視化する手法を研究開発した（髙橋・菊池2020）。この方法では、市町村に提出された捕獲許可申請書に、対象とする鳥獣、捕獲の種類、捕獲の期間、被害を受けている区域図等が明記され、許可を受けた者は、捕獲等の結果報告の義務を負う点に着目した。これらに加えて、駆除会社による出動記録は、ハクビシンによる住居侵入が主な原因となることから、市街地での確実な生息情報となる。

宇都宮市において、ハクビシンの捕獲許可および駆除会社から得られた情報を

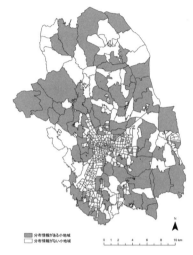

図2　位置精度・確認精度が確認された、宇都宮市におけるハクビシン分布情報がある小地域（2013 ～ 2018年の合計）

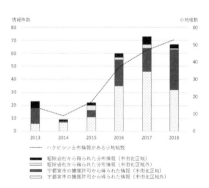

図3　市街化区域内外において、ハクビシンの捕獲許可および駆除会社から得られた情報並びに、ハクビシン分布情報がある小地域数（2013 ～ 2018年）

入手して、ハクビシンの分布位置の記録精度を検証した結果、捕獲許可および駆除会社による情報は 2013 年から 2018 年の 6 年間で 326 件認められ、この内の 254 件（77.9%）が、分布情報を小地域スケールで可視化することが可能な位置情報を有していた（図2）。宇都宮市でハクビシンの分布が確認されている小地域数を指標とすると、ハクビシンの分布情報は 2014 年以降一貫して増加しており、2018 年までを累計すると、6 年間で市全体の小地域総数の 16.0%において分布情報が認められた。（図3）。

3　ハクビシン分布の GIS マップ活用の可能性

　宇都宮市鳥獣被害防止計画には、ハクビシン、タヌキ、アライグマによる被害の傾向について「生息域が広く農業被害及び糞害などの環境被害も見受けられ、市街地における出没が増加している」と記載されている。ハクビシンについては、捕獲が主要な対策となるため、市では捕獲頭数の数値目標を示し、罠の貸し出しや処分に係る費用補助の支援を今後も継続するとしている。

　付加価値の高い果樹をはじめとした農作物被害や、市街地の住居に侵入して生活被害をもたらすハクビシンの対策に追われる地方自治体は、宇都宮市以外にも全国で見られる。しかし、小型哺乳類で環境への適応能力が高いハクビシンの生態を調査することは難しく、調査方法は確立されていない。このため、各所で被害が生じているにもかかわらず、捕獲対策に用いることができる詳細な分布情報がほとんどないのが現状である。捕獲許可と駆除会社による、被害あるいは被害対策に関する情報をあわせて用いることで、小地域を単位とするハクビシンの分布情報を可視化する方法は、実用的な手法となり得るのではないだろうか。地方分権の推進とともに、市町村に許可権限が委譲されたことで、ハクビシンの捕獲にかかわる情報は全国の地方自治体にあるものと想定されることから、これらの情報を有効に活用することができるものと考えられる。

参考文献
髙橋俊守・菊池紅音（2020）「捕獲許可及び駆除記録を用いたハクビシン分布情報の可視化」『環境情報科学論文集』34（0）：180-185
宇都宮市経済部農林生産流通課（2019）「宇都宮市鳥獣被害防止計画」

（髙橋　俊守）

B-2 人文地理学の観点から観光地域の空間構造を把握する

ミクロスケールで地域を可視化する分析手法

♀ keywords　土地利用調査　地域構造図　地域性　観光地域

1　人文地理学における地域スケールと分析手法

　地理学は、「地表の自然・人文にわたる諸現象を、環境・地域・空間などの概念に基づいて解明しようとする学問」（浮田編 2005：191）である。なかでも、人文・社会現象に注目した分野は人文地理学と呼ばれており、その範囲は都市や農村、農業、工業、商業、観光、人口、文化など多岐にわたる。

　人文地理学の特徴として、(a) 国家、地方、都道府県などのマクロスケールの視点から、(b) 市町村や集落などのミクロスケールの視点まで、多様な地域スケールで特定地域が有する地域性を分析することができることが挙げられる。

　(a) マクロスケールによる観光地域の地域性を分析する手法として、統計や案内書（スキー場のガイド本など）、インターネット電話帳などのデータを用いた分布図が挙げられ、これにより諸現象の空間的な広がりや地理的偏在性（例えば、日本におけるスキー場の分布など）を明らかにすることができる。

　一方、(b) ミクロスケールによる観光地域の分析手法には、現地で行う文献収集や土地利用調査、聞き取り調査、アンケート調査などが挙げられる。また、これらの結果をまとめる手法として地域構造図もある。

　以下では、ミクロスケールで観光地域の空間構造を把握するための分析手法として、土地利用調査と地域構造図の2点を紹介する。

2　ミクロスケールによる観光地域の分析手法

(1) 土地利用調査

　土地利用とは、「人間が土地に働きかけて生活を営んだり生産活動を行ったりすること、またその結果生じた土地の状態」（浮田編 2005：213）のことであり、その現況を地図化したものが土地利用図である。地理情報システム（GIS）やリモートセンシング（人工衛星や航空機などに搭載したセンサーを用いて、地表や海洋

などを観測すること）の普及により、マクロスケールでの土地利用の把握が容易になった（吉田 2015）。

　一方で、ミクロスケールで調査対象地域の概観を把握する場合には現地調査に基づく土地利用調査が適していると考えられる。その理由として、現地調査で得られた情報をふまえて、作成者が強調したい凡例を新たに設定したり、凡例の種類を増やしたりすることで、より詳細な土地利用図を作成できることが挙げられる。例えば、図1は歴史的町並みで有名である千葉県香取市佐原重要伝統的建造物群保存地区（以下、重伝建地区）の土地利用を示したものであるが、これは観光地域の地域性を調査テーマにしているため、観光関連施設や土産物店、宿泊施設などが目立つように凡例が設定されている。

　土地利用調査の実施手順として、まず自治体の都市計画図や市販の住宅地図などベースマップとなる地図を入手し、現地で各区画の土地利用を観察しながらこれらにその現況を記入する。調査時にベースマップが嵩張る場合には、あらかじめベースマップを複写して切り貼りしたものを用意し、A4判の画板にそれを挟んで記入をすると便利である。土地利用調査の終了後には、ドローソフト（Adobe Illustrator など）を用いて清書を行うのが一般的である。その際、作成者の調査テーマに合わせて、凡例のハッチングの種類（色、模様、濃淡など）を工夫することが重要である。

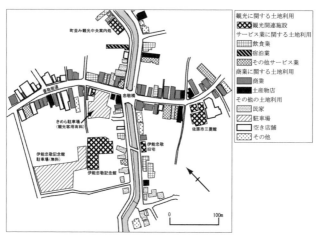

図1　佐原重伝建地区（忠敬橋周辺）の土地利用（2005年11月7日）
（鈴木（2007）により作成）

(2) 地域構造図

　次に、地理学者・千葉徳爾による地域構造図（千葉 1972）について紹介する。研究者によって解釈が異なるが、「地域構造」という用語は、おもに①地域を構成する諸要素・因子の相互関係、②1地域を構成する複数の部分地域の相互関係のいずれかの意味で用いられている（浮田編 2005：179）。千葉による地域構造図は、前者①を表したものであり、地域全体が同じ性格をもつ地域（等質地域）の内部構造を示すことができる（手塚 1998）。

　図2は、佐原重伝建地区における歴史的町並み観光地域の形成を明らかにするため、これにかかわる重要な自然条件、歴史・文化条件、社会・社会経済条件などを列挙し、これらの条件がいかにして歴史的町並み観光地域の形成と関連しているかについて示している。地域構造図は、調査結果をまとめる際に使用されることが多いが、研究者自身が地域構造を正しく把握するための手段としても有効である（千葉 1972）。

　地域構造図の作成手順として、まず作成者が紙（方眼紙など）を用いて、自らが立てた「問い」を明らかにする際に重要であると思われる特徴的な事象を列挙し、試行錯誤をしながらそれぞれの関係性を矢印や実線などで結ぶ。そのあと、ドローソフトでこれらを清書するとよいだろう。

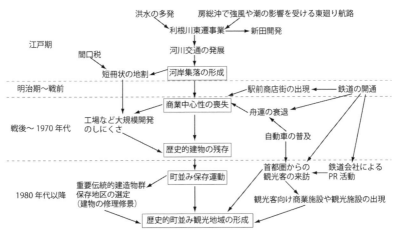

図2　佐原重伝建地区における歴史的町並み観光地域の形成に関する地域構造図
（鈴木（2007）により作成）

3　おわりに──2つの分析手法の活用に向けて

　本稿で紹介した土地利用調査は観光地域の概観を知るための分析手法で、地域構造図は観光地域の地域性をまとめるための分析手法である。これらの分析手法は、人文地理学や観光学を学ぶ学生・大学院生や研究者などが研究活動で活用するだけでなく、公務員や住民などが参加するまち歩きやワークショップなど、まちづくりの現場においても応用することができるだろう。

　一方で、土地利用調査はあくまでも研究の"スタート地点"で、地域構造図は"ゴール地点"にすぎない。より詳細にミクロスケールで観光地域の地域性を研究するためには、具体的な調査テーマを設定し、周辺地域の図書館などで資料収集をしたり、観光関連組織（自治体や観光協会など）や観光関連施設、観光客などへの聞き取り調査やアンケート調査を実施したりすることが不可欠である。土地利用調査や地域構造図の作成については、これらの調査を補完するかたちで実施することが望ましいだろう。

引用・参考文献

浮田典良編（2005）『改訂版 最新地理学用語辞典（第2刷）』原書房

鈴木富之（2007）「香取市佐原重要伝統的建造物群保存地区来訪者の観光行動の空間特性」『総合観光研究』7：35-47

千葉徳爾（1972）「地域構造図について（一）」『地理』17（10）：64-69

手塚章（1998）「地域的観点と地域構造」中村和郎・手塚章・石井英也編『地理学講座4 地域と景観（第3刷）』古今書院：107-184

吉田国光（2015）「土地利用調査」人文地理学会編『人文地理学事典（第3刷）』丸善出版：134-135

（鈴木　富之）

B-3 観光マップづくりの実践

🔑 keywords　観光マップ　デザイン　ランドマーク　地図作成　観光振興

1　観光マップづくりの実践

　観光マップの種類は多岐にわたるが、観光マップが観光客に求められる内容は対象地域の特性や観光資源の種類、旅行者の用途などによって大きく異なる。

　山岳高原地域の登山・ハイキングマップは、遭難防止の観点から方位や距離、標高などの正確性が求められるため、地形図などをベースとし、推奨ルートとその所要時間、山小屋の位置などを地図上に示しておく必要があるだろう。

　一方、市街地や温泉地などでは、必ずしも縮尺や方位が正確である必要がない。現地で使用する経路案内図では、観光資源や観光施設、店舗、公共施設などランドマークになる建造物を強調することが重要である。また、観光客の誘致を目的とした地図では、観光資源や名物料理などの写真や説明文を多く掲載するなど、可視的に地域の魅力を伝えるデザインにする必要があるだろう。

2　観光マップの歴史に関する文献紹介

　観光マップの歴史を学べる文献として、荒山（2018）が挙げられる。この書籍は、明治初期から昭和戦前期までの約70年間にわたる旅行案内書の変遷を辿った図録である。著者の荒山正彦氏は地理学者であるため、観光マップも数多く収録している。鳥瞰図や旧街道地図から鉄道地図や遊覧地図へ移り変わるなど、交通変革や旅行者ニーズの変化によって観光マップのあり方が変容していることが可視的に理解することができるだろう。

参考文献

荒山正彦（2018）『近代日本の旅行案内書図録』創元社

（鈴木　富之）

B-4 ドローンの活用による 観光プロモーション動画の制作

keywords ドローン（無人航空機、UAV） 観光プロモーション動画 観光振興

1 ドローンの特性とその活用

ドローンの機体にカメラを装着し、タブレット端末で操作することができる。事前に飛行ルートを設定し、衛星測位による位置情報を得ることで、自動航行をすることも可能である。そのため、屋内外問わず立ち入りが難しい場所や災害時の調査もできる。また、三次元レーザースキャナーを搭載することにより、地形や構造物などの三次元データを取得することが可能である。

ドローンの主な活用方法として、空撮（報道・宣伝、測量、警備など）や投下（農薬散布、消火など）、輸送などが挙げられる。ドローンは様々な場面で活用されており、今後も日常生活に欠かせないものになっていくだろう。

2 ドローンを活用した観光プロモーション動画の制作

2010年代以降、観光客の誘致を目的として、ドローンを活用した観光プロモーション動画を制作する自治体が増えている。ドローンによる空撮に際しては、国土交通省の飛行ルールを参照することに加え、国土交通省や土地所有者から許可を得たり、周辺住民や観光客に対し撮影日時や協力依頼を掲載した立て看板を設置したりするなど、入念な事前準備が必要である。撮影時には、天候や風、地形などを考慮し、墜落事故の防止に努めることが不可欠である。また、動画編集時には、テロップで観光資源の説明を挿入したり、動画に躍動感を出すために再生速度を上げたりすることが効果的であろう。

参考文献
森田裕一・鈴木富之（2018）「無人航空機（UAV）を活用した観光プロモーション動画の制作——渡良瀬遊水地第2調節池周辺地域を対象として」『地域デザイン科学』4：45-59

（鈴木 富之・森田 裕一）

B-5 都市のイメージ形成

keywords　イメージ・マップ　都市のイメージ　メディア　イメージ

1　経験を通して形成されるイメージ

　私たちのイメージする都市空間は、客体としての「あるがままの都市空間」ではない。私たちは、都市のなかで暮らし、生活するという経験のなかで、よく訪れる建物や大きく見やすい建物は、他の建物よりも強く認識され、通い慣れた仕事場までの道は、他の道よりも強く認識されている。イメージの上での都市空間では、特定の要素が強調されるなど、「あるがままの都市空間」が歪められて想起されているのだ。こうした経験を通して形成される都市のイメージについて調査した先駆的な著書に、ケヴィン・リンチによる『都市のイメージ』が挙げられ、現代の都市研究においても影響力のある著書である。

2　メディアを通して形成されるイメージ

　一方、私たちの都市空間に対するイメージは、経験だけから形成されるものではない。書籍、テレビ、インターネットという様々なメディアが環境化された現代社会においては、こうしたメディアを通して間接的に形成されることも多い。例えば、訪れたこともない都市の空間について、テレビやインターネットを通して、イメージが形成されていることはないだろうか。

　現代に暮らす私たちの都市イメージは、経験によるイメージとメディアによるイメージが影響し合いながら形成されており、これを調査、研究する技法も身に付けておくことが重要である。

参考文献

リンチ,K. 著、丹下健三・富田玲子訳（1968）『都市のイメージ』岩波書店

香月歩・奥山信一（2016）「観光パンフレットの言語表現にみる「小江戸」を想起させる街のイメージ形成の枠組み──場所のイメージ形成の枠組みに関する研究 その1」『日本建築学会計画系論文集』第81巻第726号

（大嶽　陽徳）

B-6 都市構造の把握

⚲ keywords 都市空間 街並み 構成

1 都市空間の構成

　地域をデザインするにあたって、その地域の都市構造を把握することは大変重要である。例えば、私たちの暮らす都市の空間は、建物が集合することによって構成されていると捉えることができる。このとき、都市の空間が、どのような用途の建物がどのように分布してできているかなどを調査することは、都市構造を把握するひとつの方法である。一方、都市の空間が、建物、道路、および公園で構成されていると捉えるならば、それらの内容と分布を調査することが都市構造を把握する方法となる。

2 街並みの構成

　私たちの身体により近いスケールの街並みについてはどうだろうか。街並みは建物が軒を連ねて構成されていると考えられ、建物の開口、庇といったより小さな要素の連なりによる構成が重要となる。

　このように、都市構造を把握する有効な方法のひとつとして、都市の空間や街並みなどを構成する要素を明確にした上で、その要素の内容と分布の仕方を検討する方法が挙げられる。こうした都市における実体的な諸要素とその集合に関する概念を「構成」と呼び、全体像が明確化しにくい都市という対象の調査、研究にも有効な手法となり得る。

参考文献

坂本一成ほか（2012）『建築構成学　建築デザインの方法』実教出版

（大嶽　陽徳）

Chapter 3

活かす

practice

　地域デザインは、現実の社会や地域に成果を還元し、社会に実装してい
くことに特徴がある。成果の還元や社会実装それ自体を調査や研究の対象
とする場合も少なくない。例えば、行政の計画策定や評価においてはどの
ような点に着目して分析するのか。分析結果を計画策定などに活かすには
どうしたらよいだろうか。また、高齢者の生活を支えるサービスの開発や
施設配置の方針はどのように分析すればよいのだろうか。本章では、現実
社会に活かす観点を A「組織・制度づくり」、B「リスク分析」といった
観点から紹介する。リスク分析では、私たちにとって身近な災害の事例か
ら、技術者の視点として建設材料や構造物の品質管理、調査の方法などを
知ることができる。リスク分析、なかでも災害やハードウェアに関する視
点は、ともすれば専門家任せとなりがちであるが、地域で実働するリー
ダー層にとっても学んでおきたい観点が少なくない。担い手を支えるしく
み、そしてハードウェアの現在を理解することは、持続可能な地域デザイ
ンを実現するために不可欠である。

A 組織・制度づくり

A-1　目的から考える論理的思考

高齢期の生活を計測する 3 つの事例

⚲ keywords　論理的思考　高齢期の生活　計測手法

> ### 1　高齢期の生活を支援する計画

　我が国では、近年の急速に進む超高齢社会を支える適切な介護計画の策定が必須となっている。各地方自治体は 3 年に 1 度の「介護保険事業計画」を作成し、サービス提供体制を検討する必要がある。現在までに第 8 期計画までの策定が終わり、各時点での必要なサービスと整備方針が計画されている。また一方で、住み慣れた地域での居住継続を支援する包括的なサービス提供体制「地域包括ケアシステム」の構築実現が急がれている。同システムは、30 分以内にサービスを提供できる範囲として「日常生活圏域（中学校区）」を計画単位としているが、全国一律の圏域設定には困難が生じ得る。特に地方都市では少子化に伴う学校の統廃合が増え、高齢者居住密度と無関係に、すでに大小様々な中学校区が存在している。広域的な規制や誘導、最適解を求める計画が今後求められる。

　しかしながら、地域の産業や住宅、地域の拠点等を誘導する都市マスタープランや、地方行政の将来を見据えた各種施設の立地適正化計画や総合管理計画等、社会情勢を反映しながら検討、修正が常時行われる都市計画の分野には、医療・介護についての記述は少ない。コンパクトシティ構想に医療・介護施設を「居住・都市機能」地域へ誘導する記述はあっても、具体的な医療・介護計画は、主に社会保障費の抑制の観点から、対人口あたりの必要医師数やサービス量の算定、行政界、計画単位あたりの別計画としてつくられていることが多い。実際に、訪問医療・介護、拠点となる病院や介護施設は、居住地・人口分布と密接に関係し、公共住宅では医療・介護を必要とする人々の割合が高い。こうした事実に鑑みて、これら医療・介護・居住は一体的に国土・都市計画に含まれるべきで

あると考える。地域包括ケアシステムにおける専門的サービスである、予防・医療・介護と、非専門的サービスである、住まい・住まい方・生活支援・福祉サービスを、地域特性を反映させつつ結び付ける戦略的マネジメントを、新たな都市計画・地域経営のツールとして位置付ける必要がある。

　このような高齢期の生活を支援する計画が、統合、複雑化されつつある近年の状況ではあるが、高齢期の生活支援を対象とした調査・研究を行う際には、その現象を捉え、関連する制度や計画をふまえた上で改善策や計画手法を検討するなど、具体的な目的を設定することが重要ある。

　例えば、高齢期の生活の不便さは何であろうか。家族と住んでいるか独居世帯であるか、日常生活にかかわる買い物等のアクセス性が良いか、介護が必要になった場合に居住地でサービスが受けられるかどうか、または身体の自由度が低くなった場合の生活環境等、様々な状況での不便さが考えられる。ではその不便さを改善するためにはどのような目的を設定し、実際の現象を計測しなければならないか。本稿では、近年注視されている数値に基づく政策立案手法であるEBPM（Evidence Based Policy Making）に即して、分析例を示す。

2　現象に合わせた種々の計測手法

（1）居住地と日常生活関連施設の評価

　高齢化が進む地方都市では、地域における高齢者の生活基盤を担保し、安心して暮らし続けることができる社会を構築することが課題である。生活基盤の捉え方は種々存在するが、本分析では地域での継続居住において最低限必要と考えられる「余暇、安全、生活事務、購買、交通、医療」の6分野を想定して生活関連施設（銀行、コンビニ、内科等）を設定している。また諸施設に対しては、高齢期の生活を想定し、公共交通指向開発TOD（Transit-Oriented Development）の徒歩圏域600mを基準に、施設の立地評価を行った（詳細な分析設定は参考文献1）を参照）。宇都宮市を対象とした分析結果を表1に示す。

　表1には、市政の計画単位である16地区の単位ごとに、対象の施設が、徒歩圏600mもしくは施設項目により設定された距離帯ごとに、どの程度人口をカバーしているかの割合を示している。濃い網掛けは人口カバー率が低い項目を示している。計測結果からは、篠井地区、上河内地区で、生活関連施設が乏しいこ

表1　居住地を起点とした周辺環境の評価

地区名	余暇	安全			生活事務		購買		交通	医療			
	公民館	警察	消防3km圏内	消防5km内	銀行	郵便	コンビニエンスストア	生活用品	バス停	内科	眼科	整形・リハビリ	第3次救急医療機関15km圏内
上河内	9.3	12.8	79.4	99.0	0.0	14.3	19.0	11.2	90.5	17.8	0.0		93.0
河内	6.0	16.7	61.0	100.0	41.8	17.7	59.5	53.1	93.7	60.2	7.8	47.4	100.0
清原	16.5	22.6	79.4	97.3	24.8	20.2	57.2	9.8	77.6	43.0	13.2	30.7	100.0
国本	34.1	7.4	95.5	100.0	20.6	31.6	76.4	56.2	84.1	60.5	0.0	56.5	100.0
篠井	23.9	28.0	8.3	67.7	0.0	0.0	0.0	21.9	60.8	11.2	0.0		80.8
城山	12.2	16.2	92.4	98.4	17.9	37.3	52.4	46.2	87.5	60.4	4.4	33.7	100.0
姿川	9.0	31.1	98.1	100.0	46.3	36.3	73.8	66.5	89.8	90.9	10.9	38.5	100.0
雀宮	45.1	26.4	83.3	100.0	44.0	58.5	78.2	87.8	93.3	80.2	49.3	37.8	100.0
宝木	25.3	49.3	100.0	100.0	55.0	45.2	89.5	73.5	100.0	84.7	29.9	66.0	100.0
富屋	19.4	16.3	94.3	100.0	0.0	16.3	24.4	39.2	82.6	44.2	0.0	56.4	100.0
豊郷	2.2	24.8	78.2	100.0	41.7	50.9	69.0	79.9	98.2	62.0	18.3	34.3	100.0
平石	5.0	27.7	97.0	100.0	60.1	40.7	79.8	59.0	91.8	79.8	24.0	43.4	100.0
本庁	13.6	52.4	98.5	100.0	81.8	95.8	94.9	99.9	97.6	42.0		74.4	100.0
瑞穂野	8.0	6.4	21.2	78.5	36.2	42.4	34.8	42.0	85.6	53.3	0.0	30.0	100.0
陽南	35.6	64.0	100.0	100.0	86.6	73.7	89.4	78.4	91.2	98.9	58.4	67.2	100.0
横川	13.4	15.0	97.1	100.0	23.3	41.5	68.8	66.1	93.4	84.2	19.7	40.1	100.0
中央値	13.5	23.7	93.4	100.0	39.0	39.0	68.9	57.6	90.8	61.2	12.0	39.3	100.0
平均値	17.4	26.1	80.2	96.3	35.9	38.0	60.5	55.3	88.7	64.3	17.4	41.0	98.4

とがわかる。

　生活関連施設が乏しいという計測結果は、物理的な施設の立地数が少ないことを示すが、単純に施設が少なく地域での継続居住が困難であるから施設を誘致しなければならないということではない。現状の生活関連施設の多寡から、市の中央部は徒歩圏での生活が可能であり、外縁部では徒歩での生活が困難になっていることを定量的に表現したにすぎない。本分析からは同じ市域においても、人口や人口密度、都市部／農村部、高齢者数等の地域の特性に応じた、生活関連機能の誘導方法（施設を誘致する／移動販売等で機能を提供する等）が異なるといった現状がうかがえる。

（2）介護サービスの広域利用実態と計画圏域

　各地方自治体が策定する「介護事業計画」では、自治体内を数か所の日常生活圏域に分割し各種サービスの受給を検討している。また検討においては、その後3年間のサービスの提供量や提供手法を計画する。しかし、サービスが足りないから拡充する、利用者が少ないから撤退する、といったサービスの多寡のみに依存する計画手法は、医療や介護資源が限定されている社会状況や今後の高齢者増や地域偏在を考慮すると、必ずしも正しいとは限らない。そこで近年ビッグデータとして注目されている介護レセプト（介護の利用実態が集積したデータ群）の情報を用い、デイサービスなどの通所型介護事業所の利用実績から、日常生活内外、または市域を超えるサービス利用状況について集計を行った。表2は、ある自治体の日常生活圏A-Mの集計結果を示したものである。

　データが示すのは、A-Mの圏域における、実際に利用者が利用したサービスの位置を含む圏域の組み合わせである。データを概観すると、自圏域でのサービス利用割合がそこまで高くなく、他の圏域でのサービス利用が確認できる。こういった分析をもとに、どの圏域をまとめて計画するか、または市外を含めて計画

表2　通所系介護事業所を利用する高齢者の居住日常生活圏域と事業所の立地する日常生活圏域別の集計

利用事業所日常生活圏域（人）

	A	B	C	D	E	F	G	H	I	J	K	L	M	市外	不明	小項目計	大項目計
A	40(54.8%)	5(6.8%)	3(4.1%)	10(13.7%)	1(1.4%)	5(6.8%)	1(1.4%)	2(2.7%)	–	–	–	–	–	5(6.8%)	1(1.4%)	73	300
B	6(6.5%)	25(27.2%)	8(8.5%)	1(1.1%)	14(15.2%)	19(20.7%)	3(3.3%)	8(8.7%)	–	–	–	–	–	10(10.9%)	6(6.5%)	92	
C	8(11.3%)	6(8.5%)	13(18.3%)	9(12.7%)	8(11.3%)	8(11.3%)	5(7.0%)	11(15.5%)	–	–	–	–	–	3(4.2%)		71	
D	1(1.6%)	2(3.1%)	3(4.7%)	31(48.4%)	4(6.3%)	4(6.3%)	1(1.6%)	11(17.2%)	–	1(1.6%)	1(1.6%)			4(6.3%)		64	
E	1(1.4%)	6(8.3%)	–	3(4.2%)	14(19.4%)	27(37.5%)	3(4.2%)	7(9.7%)	–	–	–	1(1.4%)		6(8.3%)	4(5.6%)	72	335
F	–	3(3.8%)	–	4(5.0%)	19(23.8%)	25(31.3%)	6(7.5%)	12(15.0%)	1(1.3%)	–	–	1(1.3%)		7(8.8%)	2(2.5%)	80	
G	2(2.0%)	8(7.8%)	–	–	19(18.6%)	9(8.8%)	31(30.4%)	13(12.7%)	1(1.0%)	–	3(2.9%)	4(3.9%)		9(8.8%)	3(2.9%)	102	
H	–	4(4.9%)	1(1.2%)	2(2.5%)	15(18.5%)	8(9.9%)	2(2.5%)	34(42.0%)	3(3.7%)	5(6.2%)	–	2(2.5%)		3(3.7%)	2(2.5%)	81	
I	–	7(8.1%)	1(1.2%)	–	5(5.8%)	5(5.8%)	8(9.3%)	19(22.1%)	11(12.8%)	2(2.3%)	–	3(3.5%)	1(1.2%)	8(9.3%)		86	388
J	–	1(1.1%)	1(1.1%)	–	2(2.2%)	1(1.1%)	1(1.1%)	25(28.1%)	2(2.2%)	51(57.3%)	–	2(2.2%)	–	1(1.1%)		89	
K	–	1(1.6%)	–	–	1(1.6%)	–	1(1.6%)	11(18.0%)	6(9.8%)	3(4.9%)	26(42.6%)	2(3.3%)	–	10(16.4%)		61	
L	–	4(4.9%)	–	–	3(3.7%)	3(3.7%)	1(1.2%)	11(13.6%)	10(12.3%)	7(8.6%)	12(14.8%)	12(14.8%)	1(1.2%)	2(2.5%)		81	
M	–	–	–	–	3(4.2%)	1(1.4%)	5(7.0%)	1(1.4%)	1(1.4%)	–	23(32.4%)	9(12.7%)	24(33.8%)	5(7.0%)		71	
市外	2(4.9%)	12(29.3%)	–	1(2.4%)	5(12.2%)	1(2.4%)	2(4.9%)	2(4.9%)	1(2.4%)	8(19.5%)				6(14.6%)	1(2.4%)	41	
小項目計	60	84	22	61	110	118	68	175	31	73	99	37	26	80	20	1064	
大項目計	227				471				266								

（左側圏域区分：居住日常生活圏域（人）、X担当圏域支援センター包括 A〜D、Y担当圏域支援センター包括 E〜H、Z担当圏域支援センター包括 I〜M。上部圏域区分：X地域包括圏域 A〜D、Y地域包括圏域 E〜H、Z地域包括圏域 I〜M）

するか等、正確な利用状況に基づいた計画の推進が可能となる。

（3）高齢者施設の内部の動き

　高齢期に身体が不自由になったときや、認知症が進行し通常の生活が送れなくなったとき、高齢者施設に居住することが可能である。施設の建設は現在も増加傾向にあり、特に認知症対応型グループホーム（以下、GH）の建設が進んでいる。GHを建設する際は一定の設置基準を満たすこととなるが、生活の質がどのように担保されているか、近年に建設されたGHで調査を行った。図1は、24時間の利用者、スタッフの動きを施設内の場所ごとに集計したものである。

　質といった定性的な事柄に対し、動きのすべてを把握した上で検討することが、

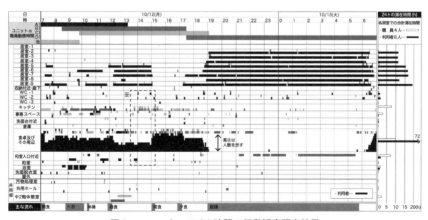

図1　ユニットαの24時間の行動観察調査結果

今後の高齢者の生活環境の質を担保した GH の計画に寄与すると考えられる。

3　目的に沿った調査方法の選択と論理

　上記のように、目的に合わせた調査方法の選択や収集したデータの解釈は、論理的な思考に依拠している。高齢期の生活が豊かになるよう種々の現象にアンテナを張り巡らし、適切な仮説設定とそれを表現する論理が必要がある。

参考文献

1）佐藤栄治・三橋伸夫（2013）「地方都市における高齢者の継続居住可能性に関する研究——宇都宮市を事例とした居住環境評価」『日本建築学会計画系論文集』78（691）：1965-1972

2）竹澤くるみ・佐藤栄治・島村亮（2021）「地域包括ケアシステムの計画圏域と介護の利用実態に関する研究——栃木県 a 市における計画圏域の検討」『日本建築学会大会梗概集（東海）』：89-90

3）新藤有紗・佐藤栄治（2021）「定型的な認知症対応型グループホームにおける生活の質向上に向けた一考察」『日本建築学会大会梗概集（東海）』：743-744

（佐藤　栄治）

A-2 自治体における様々な計画

🔑 keywords　総合計画 / 振興計画　都市計画マスタープラン　中心市街地活性化基本計画　立地適正化計画
地域公共交通計画　景観計画　空家等対策計画

　行政機関である地方自治体は、様々な計画を策定し、その計画に基づいて、福
祉、環境、経済などの各種施策を実施し、まちづくりを実施している。まちづく
りの最も基本となる計画かつ、地方自治体が行政運営を行う上での最上位計画が
総合計画 / 振興計画である。おおむね 10 年を計画期間とし、まちづくりの方針
を基本構想として示し、その対象範囲は、福祉、環境、防災など多岐にわたる。

　まちづくりを、都市空間・交通分野で見る。地方自治体が、総合計画 / 振興計
画に基づいてまちづくりを進めるためには、具体的な計画が必要となる。都市計
画マスタープランは、市町村における都市施設の配置など、まちの具体的な計
画、都市計画の関する基本的な方針を示したものである。他にも、まちの中心で
ある中心市街地の活性化にクローズアップした計画として、中心市街地活性化基
本計画がある。さらに、まちづくりをより具体化するために、立地適正化計画と
地域公共交通計画がある。この 2 つの計画で、コンパクトシティ・プラス・ネッ
トワークの実現を図る。立地適正化計画は、自治体における都市計画マスタープ
ランの高度化版であり、居住機能や医療・福祉・商業、公共施設等の様々な都市
機能の誘導区域・施設を定め、コンパクト化を図るための拠点を形成する。地域
公共交通計画は、地域にある交通資源を総動員して、拠点間をネットワーク化す
るものである。まちづくりをしていく上で、景観も重要であり、地域の景観形成
のための総合的な基本計画の景観計画がある。また、近年増えている空家等につ
いて地域で適正管理する空家等対策計画がある。

参考文献

栃木県県土整備部都市計画課（2020）「栃木県の都市計画」（パンフレット）
　https://www.pref.tochigi.lg.jp/h08/system/honchou/honchou/documents/totigikennnotosikeikaku.pdf
栃木県地域振興課「県内市町村の振興計画策定状況」
　http://www.pref.tochigi.lg.jp/a03/town/shinkou/shinkou/shichou_shinkoukeikaku.html

（長田　哲平）

地域の持続可能性に貢献するパークマネジメントとグリーンインフラ活用
見直される緑の価値と今後の可能性

♀ keywords　都市公園　Park-PFI　グリーンインフラ　マネジメント

　近年我が国では人口減少に伴う都市のスポンジ化に伴い、公園緑地が地域において果たす役割が期待されている。またCOVID-19の感染拡大を受けて身近な公園緑地のニーズが一気に高まり、実際に利用者数が増加傾向にあることも明らかにされている。

　日本の公園発祥は1873（明治6）年の太政官布達であるが、現在の制度は公園設置と管理方針を明確に示した1956年制定の「都市公園法」が基本となっている。2003年には地方自治法により指定管理者制度が制定され、民間的な発想による効率的な管理が推進された。さらに2017年の都市公園法改正によって、公園の多機能性が見直され、公募設置管理制度（Park-PFI）など様々な制度が創設された。実際に公園が住民のコミュニティの拠点となった事例や、公園を中心に地域を盛り上げる取り組みなど、多様な主体による公民連携の観点からのパークマネジメントが注目されている。

　さらには公園に限らず、緑の機能全体に目を向けた「グリーンインフラ」の概念が広がっている。グリーンインフラは、グレーインフラと揶揄されるような従来型のコンクリート構造物ではなく、「自然がもつ多様な機能を賢く活用することで、持続可能な社会と経済の発展に寄与するインフラや土地利用計画」であり、多様性を引き出すことで持続可能な社会の発展に寄与できると考えられている。以上のように古くから存在するグリーンインフラと人工構造物を上手に組み合わせて、人と自然がよりよい関係性を保つことが持続可能な地域づくりにおいて重要である。

参考図書・webサイト
林まゆみ・金子忠一・西山秀俊編（2020）『パークマネジメントがひらくまちづくりの未来』マルモ出版
グリーンインフラ研究会ほか編（2020）『実践版！　グリーンインフラ』日経BP

（荒木　笙子）

A-4 多様なまちづくり組織と調査分析視点

⚲ keywords　サークル　自治会・町内会　地域運営組織　NPO　一般社団法人　合同会社　中間支援機能

　まちづくり活動を行う組織は、サークルやボランティアグループのように、任意のメンバーによる非制度的な活動組織をはじめ、地域的なまとまりのなかで地域を代表する性格をもち自治的な活動をする自治会・町内会や、多様な主体が集い一つの組織となり意思決定やサービス提供を担う地域運営組織（全国742自治体で5236組織、2020年4月現在）、また、法人格をもち、公益性や非営利性（余剰金の分配がない）に特徴をもつNPO法人や一般社団法人まで多様にある。こうした非営利に特徴をもつ組織以外には、営利組織として、出資者＝経営者となる合同会社も注目されつつある。まちづくりにおける合同会社の例として、過疎化が進む地域で、地域の食堂やスーパー、ガソリンスタンドの経営を地域住民や地域外に住む親族などが出資して事業をつくり出すといったものがある。このほかに特徴あるものとして、中心市街地の整備・改善や活性化を目的とし、官民協働で出資・設立する中心市街地整備推進機構がある。

　多様にあるまちづくり組織を調査分析する視点として、組織のもつ機能がある。その機能とは、①計画立案・提案機能、②サービス開発と提供機能、③まちづくり組織の設立や活動支援、人材育成を行う中間支援機能が代表的なものである。また、一つの組織でその機能を実現するだけでなく、例えば、空き家の調査や活用を行うNPOが、自治会と連携して、地域の交流スペースをつくる、つまり②の機能を実現するといったように、連携・協働を通して実現することが少なくない。こうした連携・協働のあり方や課題を分析する調査研究もある。地域課題が複雑化する現代においては、これまでとは異なる新たな組織づくりや連携・協働による解決方策を導き出すことは重要なテーマである。

参考文献
石井大一朗・霜浦森平（2018）「第5章 組織のかたちをつくる」『はじめての地域づくり実践講座』北樹出版
日本建築学会編「第4章　都市デザインの実現化方策」『建築設計資料集成【地域・都市Ⅱ～データ編】』

（石井　大一朗）

A-5 制度分析の応用

🔑 keywords　経済学　制度分析

　制度とは、実際にはより広く、国家、社会、組織等を統治・運営していくための規範（ルール）であり、これによって社会秩序が保たれる。制度分析とは、人々が経験的ルールと理論的ルールの両方にどのように従い、どのように行動するかを分析する手法である。

　新制度派経済学を総括するオリバー・ウィリアムソン（Williamson 2000）は、市場取引における「取引費用」を分析するために、取引の制度を4つのレベルに分類した（図1）。この考えを地方公共工事の入札制度の問題に適応し、発注者が抱えるリスクを調査した研究がある（高田ほか 2021）。入札制度の問題として、発注者が自身のリスクを回避しようとすると、組織内部の取引費用が発生することが挙げられる。例えば、ウィリアムソンの理論のなかで、取引相手の情報がほとんど得られていない状況での取引では、一般に取引費用が増加するとされている。入札制度では、発注者が、入札参加者の情報を把握していないと、審査に

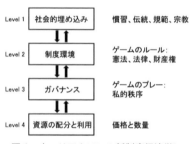

図1　ウィリアムソンの新制度経済学における4つの分析レベル

人手や時間がかかり、その結果、取引費用の増加につながる。また、くじ引きによる落札発生のリスクにも対応するため、総合評価落札方式を導入したケースでも、評価基準の設定などにかかる発注者の負担が増えて取引費用が増加していることがわかった。

参考文献

Óliver Williamson（2000）The New Institutional Economics: Taking Stock, Looking Ahead, *Journal of Economic Literature*, Vol. 38, No. 3: 595-613.

高田章詩・王玲玲・渡邊法美（2021）「地方公共工事の入札制度に関する発注者のリスク認知の調査・分析」（令和2年度卒業論文）

（王　玲玲）

A-6 政策・制度の決定要因に対する利害関係者や制度からの定性的分析

数字にならない事柄の場合

🔑 keywords　定性的研究　事例過程分析　インタビュー調査　比較分析

1　公共政策・地方自治とインタビュー調査の意義

　公共政策あるいは地方自治の研究は、研究対象が多岐に及ぶ政治学における研究領域のひとつである。公共政策や地方自治から地域にかかわる研究を考えた場合、国内の特定の自治体における議会や首長の研究、自治体間比較研究、議会や首長の選挙での投票行動研究、中央・地方関係、住民参加、自治体における特定の政策過程の研究、さらにこうした研究の各国間の比較研究といったものが考えられる。ただしここに挙げたものがすべてではない。

　近年、社会・地域の課題となっているテーマとしては、首長や地方議会議員選挙での低投票率、性別・年齢に偏りのある地方議会、経年劣化が進むインフラの補修や地域の足の確保、新型コロナウイルスでも課題が明らかになった保健・医療政策、2000年代から取り組むも進んでこなかった行政等のデジタル化、百年に一度という災害が毎年のように起こるなかでの自治体の危機管理・災害政策、格差や貧困対策、外国人労働者やその家族への対応、財政難で様々な課題に応えられない自治体運営、国の規制による自治体の政策への影響と、地域の課題について公共政策や地方自治にかかわるテーマは枚挙にいとまがない。また、これらの課題に対し、公共政策や地方自治の基盤となる政治学からのアプローチの方法は、一つではない。政治学においても定量的研究と定性的研究が行われており、例えば、低投票率といった投票行動や、特定の政策に対する自治体の採用の要因分析などは定量的研究がなされることが多い。これに対し、特定の政策や制度の経年的な変化や変化しない要因を分析する場合などは、定性的研究が適している。

　特に、特定の事柄の過程を詳細に知った上で、その事柄についての因果関係を明らかにする場合、定性的研究のなかでもインタビュー調査が有効である。

　定性的研究では、主に事例過程分析によって少数事例や一つの事例に関する推

論を立てる。これに対し、定量的研究では、主に多数の事例を対象に比較分析によって母集団に関する推論を統計分析から行う。定性的研究と定量的研究の違いを対象とする事例の数（Nの数）の違いと考えがちであるが、両者の違いは、定性的研究では事例に関する過程に焦点を当て、場合によっては時系列での変化の比較から因果関係を推論するのに対し、定量的研究では同時点の事例を幅広く比較し、因果関係を推論することにある。定性的研究では、リサーチクエスチョン（研究の問い）、仮説を設定した上で、特定の事柄を生じさせた要因を分析するが、要因を生じさせた過程に焦点を当て分析するため、詳細な事実関係の情報、事例に関する幅広い知識・内容の理解が必要となる。こういった事例に関する知識や内容を得るために、役割を果たすのが、関係者（アクター）へのインタビュー調査である。

　インタビュー調査の目的は、リサーチクエスチョンを明らかにすることにあるが、主に2つのことが得られると考えられる。一つは、事例に関する知識を得ることであり、もう一つは、特定の事柄に至った要因を、事柄に関係する利害関係者（特定の事柄・状況の関係者）にインタビューすることで、明らかにすることである。特に2つ目の場合、特定の事柄を生じさせる際の利害関係者は誰であり、どのような見解を取っているか、対立がある場合双方に意見を聞く必要があるかなど、あらかじめ検討しておく必要がある。また、様々な見解の上で決定された事柄を調査する際には、中立的立場から聞き取りを行うことが重要である。

2　インタビュー調査の応用

（1）自治体の比較とインタビュー調査

　特定の事柄を生じさせた要因を分析する際、1つの事例の場合には、時系列での変化の地点を見出し、その前後を比較する。これは通時的比較を行っていることになる。通時的比較とは、同じユニットを異なる時点において比較することである。例えば、1960年代、1990年代、2000年代の日本の政党間競争・政権成立過程を比較する、あるいは、地方の道路整備の財源ともなっていた国の道路特定財源が一般財源化された要因について、変化が起こった前後の内閣を取り巻くアクターの相互作用などを比較するといった場合もある。また、自治体における政策革新がどのように生じるかという問題意識から、少数の先行自治体において

景観条例や情報公開条例が制定された過程を分析する場合などもある。こういった事例では、関係するアクターへのインタビューなどで、経緯や自治体の組織構造やアクター間の関係について情報を取得することで、決定がなされた要因を炙り出すことに近付く。

　これに対し、共時的比較は、同時代のユニットを比較する。これは定量的研究、政治学では統計学による計量分析で多く用いられる。例えば、多数の自治体の比較を行い、有権者の投票行動を規定する要因を明らかにしようとする場合などである。また、2つを組み合わせるといわゆるパネル比較となる。インタビュー調査は多数のデータを同時に比較する共時的比較よりも、少数の事例を通時的に研究する場合、言い換えると、特定の事柄が生じた前後の違いについて過程分析する、あるいは計量分析に併行して過程分析を行う場合に有効である。

表1　通時的比較・共時的比較・パネル比較

	英国	米国	シンガポール	日本	韓国
1990年代			共時的比較		
2000年代					
2010年代					

通時的比較

　インタビュー調査にあたり、インタビュー項目を明確にし、複数の事例に対し、一致法や差異法を用いて比較すると、因果関係が明確になり有意義な調査を行うことができる。同様の現象が起こった複数の事例を比較し、その現象を引き起こしたと考えられるそれらの事例に共通する要因を明らかにしようとするのが一致法であり、ある現象が起こった事例と起こらなかった事例とを比較して、その現象が起きる要因を突き止めようというのが差異法である。

（2）自治体の改革に関するインタビュー調査を用いた自治体間比較分析

　インタビュー調査を用いて日本の自治体を対象に行った研究として『公共事業改革の政治過程』がある。事例対象は、宮城県、長野県、鳥取県、三重県、長崎県、山形県、岩手県、高知県の8県であり、公共事業改革はなぜ可能だったのかといったリサーチクエスチョンに基づき、資料やインタビュー調査を通じて、改革が進展した自治体の共通要素を抽出することで改革のメカニズムを明らかにし

ようとしている。この場合の公共事業改革は、公共事業の決定方法や実施方法の改革、公共事業をめぐる議員等による行政職員への働きかけの防止を指す。

　同書では、まず、合理的選択論に基づいて、政治家、官僚、利益団体によるいわゆる鉄の三角形の公共事業に関するモデルを示しアクターの関係を整理し、仮説（分析の視点）を提示している。また、それぞれの県における通時的比較から公共事業改革が行われた時期を検討し、そこに至る経緯や前後の変化を検討している。さらに、新聞等の資料の検討とともに、アクター（同書の場合、地方議会議員、首長、行政職員、建設業協会）へのインタビュー調査を行っている。具体的には事実関係、改革が行われた時期に生じた変化、行動や見解の理由、他のアクターとの関係、他のアクターについての見解などを調査している。こうした各自治体へのインタビュー調査に加え、自治体間の一致法による比較分析を通じて、仮説を検証している。その結果、既存の政策や制度から拘束を受けないアクターの活躍、首長による行政職員のマネジメント改革、首長と議会との緊張関係の構築が改革進展に重要であることを示している。こうして明らかになった改革を促進させる要素は、定量的な研究ではわからないものであり、ヒアリング調査の強みといえよう。

3　現場の声や事柄の詳細を知る意義

　インタビュー調査は、多数の事例を一度に比較分析することには適していない。また、数値のような形で比較をすることもできない。しかし、事例数が少ない分、それぞれの事例対象の中身を丁寧に調査し、数字ではわからない事柄の過程やアクターの動機などを明確にすることができる。生の社会の声、決定過程に至るせめぎ合いを事例分析のなかに反映することができるという利点もある。

参考文献

ガーツ, G.・マホニー, J. 著、西川賢・今井真士訳（2015）『社会科学のパラダイム論争』勁草書房

河野勝・岩崎正洋（2002）『アクセス比較政治学』日本経済新報社

伊藤修一郎（2006）『自治体発の政策革新──景観条例から景観法へ』木鐸社

三田妃路佳（2010）『公共事業改革の政治過程』慶應義塾大学出版会

（三田　妃路佳）

B リスク分析

B-1 現地調査からみる水災害

🔑 keywords　洪水氾濫　津波　災害調査　痕跡

1　近年の水害と水災害分野における調査体制

　津波や高潮、豪雨による洪水氾濫などの水害が全国各地で毎年のように発生している。近年で大災害となった事例を取り上げてみても、2011 年 3 月 11 日の東日本大震災における津波被害をはじめ、2012（平成 24）年 7 月九州北部豪雨や鬼怒川が決壊した 2015（平成 27）年 9 月関東・東北豪雨、2017（平成 29）年 7 月九州北部豪雨、西日本を中心に広い範囲で大雨となった 2018（平成 30）年 7 月豪雨、台風 19 号により河川の氾濫が相次いだ 2019（令和元）年東日本台風、熊本県を中心に九州・中部地方で大雨となった 2020（令和 2）年 7 月豪雨など数多くの災害が発生していることがわかる。これらの豪雨では河川水位が高まり、堤防の天端高を越えて越水・溢水が発生したり、堤防の決壊により家屋の流失・浸水被害等が発生した。

　津波や洪水氾濫等の災害後には浸水被害の状況や河川・海岸の構造物被害（堤防や水門など）、家屋被害等に関する災害調査が実施される。災害が発生するたびに土木学会などの学協会で調査団を結成して調査にあたる。また大学や研究所、河川・海岸の管理者、自治体等も独自に現地の災害調査を実施する。これら調査で得られたデータは調査者が個別に保存するだけでなく、論文等での公表や研究者間でのデータの共有により、個々の水害の比較・検討に役立つとともに、将来の水害対策を考える上で非常に重要なデータとなる。そのためにはある程度統一的な調査方法やデータ整理方法が必要であり、津波等の海岸調査においては「津波被害調査のマニュアル[1]」、河川の水害調査においては「水害調査ガイドライン（案)[2]」が整備されており、これらをよく読んだ上で調査を実施するのが望

ましい。本稿ではこれらのマニュアルを参考に、洪水痕跡調査を中心としたポイントについて解説する。

2　痕跡による水災害の調査法

(1)　準備と注意点

　津波や洪水氾濫により住宅地等が浸水被害を受ける場合、その被害範囲は非常に広くなる。一様に全区間の様子を把握することはもちろん、調査域を絞って、特定の地点で詳細な調査をすることも重要である。そのためには事前に被害概要、大きな被害を受けた場所、越水・溢水地点、決壊箇所と規模などの情報を調査し、調査地点とルートを決めておかねばならない。災害調査は被災後、できるだけ早く実施する必要があるが、一方で氾濫した水が引いていない、浸水被害中に現地に入るのは望ましくなく、津波の場合においては第2波以降の襲来や余震（によって発生した津波）による2次被害に注意しなければならない。現地では当然、復旧作業の最中であり、生活に必要な物資も限られていることが予想されるため、現地に負担をかけないように飲食物等の必要な物品は調査者各自で持参し、ごみは現地に残さずに持ち帰るようにする。

　調査において写真の撮影許可を得る際や聞き取り調査など、被災者と接する場合は、被災者の心情等に最大限配慮し、無神経な態度・発言とならないように細心の注意を払う。また、個人情報の保護にも配慮する。

　調査時に必要な器具については、調査の"目的"によって違いはあるが、主として浸水被害の状況を把握する際には浸水の深さを調査するため、①高さの計測ができるように測量用のスタッフとデジタルカメラ、②計測点の位置情報を記録できるようにポータブルのGPS（スマートフォンやデジタルカメラに内蔵されているものでもよい）が必須となる。

(2)　洪水痕跡と記録

　津波および洪水氾濫後の現地調査においては、浸水後の水が完全に引いた状態で実施することとなる。つまり水がない状態で、浸水深がどこまでであったかを判断しなければならない。そのために調査では"洪水痕跡"を探すこととなる。洪水痕跡とは家屋や塀などの建造物や樹木などの植物に、洪水によって付着したと思われる痕跡物のことである。洪水氾濫流は水だけが流れているわけではな

（a）泥の付着

（b）樹木への草の付着

（c）フェンスへの草の付着

写真 1　洪水痕跡事例

く、泥や砂などの土砂や、流れの過程で落ちている枯草やごみなどを巻き込みながら流下する。そのため付着する痕跡物は主に泥と草である。写真1に泥と草の付着の様子をそれぞれ示す。泥が付着している様子は建物の窓・外壁や塀などでよく見られる。浸水時の水深が大きく、樹木の葉まで水に浸かった場合、水に浸かった葉だけに泥が付着している様子が見られることもある。それらの様子から泥で汚れて見える部分と泥が付着していない部分の境界に浸水時の水面があったと判断でき、その高さを計測する必要がある。草が付着しているのはフェンスや樹木などに絡まっているかたちでよく見られ、付着しているなかで一番高いところの痕跡物の場所に水面があったと判断でき、その高さを計測する必要がある。

　地面から洪水痕跡までの高さを計測するためには、痕跡物と共に測量用のスタッフを置いて写真を撮影し、後日に写真を見ながら高さを推定できるようにする。写真を撮影する際は、①写真を撮影した地点と、②写真を撮影した方角について必ず記録する必要がある。専用のポータブル GPS を持っていない場合でも、最近のスマートフォンやデジタルカメラには GPS 機能が内蔵されているため、その機能を活用して記録を取っておく。写真を撮った方角は、調査や実験、解析で得られた氾濫流の流下方向と現地の様子を比較する際に非常に重要な情報となる。

　このように、津波や洪水氾濫に対する現地調査は洪水痕跡を見つけ、その痕跡が浸水によるものであると人（調査者）が判断することで進められるが、必ずしもはっきりと浸水によるものと判断できる痕跡ばかりではなく、また痕跡自体が時間経過によって薄れたり、なくなってしまう。判断に迷う例も多々あり、痕跡の信頼性がどの程度あるのかを評価し、記録していくことも必要である。例として、「津波被害調査マニュアル[1)]」に記載されている信頼性の区分（A～D）を抜

粋して示す。

A：明確な痕跡または目撃者自身による表示。測定誤差は小さい。

B：やや明確である。局所的な影響を受けている可能性がある。測定誤差は小さい。

C：不明瞭ではある。目撃者より聞いて覚えている。測定誤差がある。

D：不明瞭であるが、参考にする。測定誤差が大きい。

このように写真からでは伝わりづらい信頼性についても、調査者以外の者がデータを利用する際に判断できるようにまとめておく必要がある。

3　調査データの管理と共有

近年、毎年のように水災害が発生し、そのたびに現地調査が実施され、多くのデータが蓄積されている。同じ場所で何度も大きな水害を受けている事例もあり、今後は単体の洪水事例だけで復旧や将来の計画を検討するのではなく、複数の水害事例を相互に比較検証することが望まれる。そのためには統一的な調査法と、得られたデータの管理が必要で、東日本大震災の津波被害のように調査データをとりまとめたサイトも存在する[3]。これらのデータを有効に活用するためには、位置情報（経度・緯度）との結び付けが重要で、Google Earth や GIS などを活用しながら、どの地点でどんな被害があったのかが相互に共有しやすく、また視覚的にもわかりやすい管理法が今後求められるだろう。

注・参考文献

1）今村文彦（1998）「津波被害調査のマニュアル」『津波工学研究報告』第 15 号
2）水害対策小委員会水害調査法 WG「水害調査ガイドライン（案）」
　https://www.rs.noda.tus.ac.jp/hydrolab/guideline/FILES/guideline_v1.0_160622.pdf（参照 2021-09-12）
3）東北地方太平洋沖地震津波情報　https://coastal.jp/ttjt/index.php（参照 2021-09-12）

（飯村　耕介）

B-2 世界トップレベルの耐震技術を支える 建築物の構造実験

🔑 keywords　実験　構造　建築　地震　耐震

1　地震大国であり技術大国である日本

　日本は世界有数の地震大国である。一方で、都市部には所狭しと超高層ビルが建ち並んでいる。このようなまちづくりやまちなみには賛否両論あるが、世界有数の経済都市の形成を可能にしたのは世界トップレベルの耐震技術である。

　高度な耐震技術は耐震工学研究に支えられており、その代表的な研究手法は「構造実験」である。建築物の構造設計は構造理論に基づいた構造解析の手法を活用して行われている。これらの構造理論のなかには数多くの実験的研究によって実証されたものが少なくない。また、その構造理論が充分なものではなく体系化されていない場合でも、構造実験を行うことによっていくつかの現象や事象を把握し、その成果を構造設計に反映させて、より健全な建築物の創出に役立てられている。このように構造実験は、構造理論の構築や構造設計法の確立に対して極めて重要な役割を果たしている。

2　建築物の耐震性能に関する研究手法

（1）古典物理学の確立

　古代にアリストテレスによって開かれた科学の扉は、2千年弱の沈黙を経て後期ルネサンスにヨーロッパで一気に発展した。近代物理学のはじまりは万有引力概念の獲得が決定的であったが、実験的検証と数学的推論の2つの方法の確立がそれを成し遂げた。ここでは古典物理学の発展の歴史[1]を紹介し、実験と数学的定式化の重要性を認識する。

　デッラ・ポルタ（1535 ～ 1615、イタリア）の『自然魔術』で光学や磁気学の分野での実験物理学の第一歩が踏み出され、その多くの実験や発見を体系的にまとめたウィリアム・ギルバート（1544 ～ 1603、イギリス）は『磁石論』で「地球は磁石である」と結論付けた。

　ヨハネス・ケプラー（1571 ～ 1630、ドイツ）は、この磁気哲学によってニコラ

ウス・コペルニクス（1473 ～ 1543、ポーランド）の地動説を物理学的に裏付けることができるのではないかと考え、ティコ・ブラーエ（1546 ～ 1601、デンマーク）によって蓄積された火星の位置測定に関する膨大な観測データとの格闘から『新天文学』で惑星運動理論の物理学的根拠、いわゆる「ケプラーの第一・第二法則」を見出した。

　ガリレオ・ガリレイ（1564 ～ 1642、イタリア）は「振り子の等時性」や「斜面上をころがる物体の運動」を出発点として、「落下する物体や発射された物体の運動法則」の数学的定式化を『新科学講話』で完成させた。ガリレイの自然科学は、事物や現象を数学的・幾何学的に表現し、そのなかに数学的法則性を読み取ることに尽きる。力学的な仮定を設けて、命題を数学的に導き出し、実験によって立証するという一連の手続き、仮説・論証・実験という近代科学の方法を編み出した功績が「近代科学の父」と称される所以である。

　ルネ・デカルト（1596 ～ 1650、フランス）は『哲学原理』で「慣性の法則」を正しく定式化し、同時に「運動量の保存則」の萌芽的形態を提唱した。また、デカルト座標の発明や、数式の表記でアルファベットの最初の方（a、b、c、…）を定数に、最後の方（…、x、y、z）を未知数にあて、定数や未知数の係数を左に、冪数（べきすう）を右に書く表記法を始めるなど、数学での功績も大きい。一方で「近代哲学の父」と称されるデカルトであるが、（それ故に）その自然学は推論を論理的に重ねていく演繹的論証であり、おおよそ数学的ではなく、実験的な裏付けをことごとく欠いているため、からくりの捏造と酷評されることもある。

　力の定量的測定を最初に試みたのはロバート・フック（1635 ～ 1703、イギリス）である。『ばねないし復元力』で力とばねの伸びの比例関係、いわゆる「フックの法則」を発見した。これは力が数学的関数によって表されたはじめての具体例である。また、顕微鏡を用いた自然観察の図鑑であり、生体の最小単位を「cell（細胞）」と名付けたことで知られる『ミクログラフィア』では「独断を避け、実験で十分に根拠づけられ確認されていないようないかなる仮説も擁護することはしない」と語っており、実験と観測による実証科学を重視する強い態度がうかがえる。なおフックは、グリニッジ天文台などを設計し、建築家としての実績も残している。

　重力の問題に対する新しいアプローチを理論的に提起したのはアイザック・

ニュートン（1642 ～ 1727、イギリス）である。『自然哲学の数学的諸原理』通称『プリンキピア』で、距離の2乗に反比例し双方の質量に比例する力がすべての物体間に働く「万有引力の法則」を完成させた。また、現在の質量、慣性、運動量、力などに相当する概念を定義し、「質点に関する運動の法則（慣性の法則、ニュートンの運動方程式、作用・反作用の法則）」について述べ、数学を用いて動力学（ニュートン力学）を確立した。これによって実験的に示された地上の物体の運動と、観測によって得られた天体の運動を統一的な理論によって説明し、地球の形状から潮汐までも説明してみせた。ニュートンは、観測事実としてのケプラーの法則から数学的に力の関数形を導き出すにあたり、天体の軌道運動を軌道接線方向への直線的慣性運動と中心力による中心方向への加速運動の重ね合わせと捉えるフックの解析方法を全面的に採用している。ケプラーとフックは古典力学の完成に大きな役割を果たしているのである。

なお、ニュートンの業績として、光学における光のスペクトル分析や、数学における微分積分法の確立も特筆に値する。力学の研究に打ち込んだのはせいぜい3年余であり、他方でその10倍近くの期間、錬金術の研究に没頭していた。自然科学の発展には宗教的・哲学的な側面も深く関連しているのが面白い[1]。

(2) 建築物の構造実験

「実験」の一般的な説明としては、「構築された仮説や、既存の理論が実際に当てはまるかどうかを確認することや、既存の理論からは予測が困難な対象について、さまざまな条件の下で様々な測定を行うこと。知識を得るための手法の一つ。」[2]がわかりやすい。

構造実験は、建築物の全体あるいは部分の試験体を対象として、その保有耐震性能を評価するための研究手法である。日本には世界最大の耐震実験施設「E-ディフェンス」がある。国立研究開発法人防災科学技術研究所が所管し、一般的な日本の戸建住宅のほか、6階建て程度の実大建築物の震動実験を行うことができる。観測波をはじめとする様々な地震動で3次元に振動台を動かすことができ、その上に設置された建築物がゆれる仕組みである。なお、HPで実験動画が公開されているので、地震を受ける建築物のふるまいを参照されたい。

一方で、一般の研究機関ではこのような大規模な実験は不可能である。そのため、通常は骨組を構成する部材や接合部および部分架構といった要素を対象とし

て構造実験を行う。研究の学術的・社会的背景から実験目的を定め、目的や意図に応じた実験計画を立案する。文章で書くと簡単そうであるが、構造実験ではここまでのプロセスが極めて重要であり、研究的価値の8割が決まるともいわれている。特に実験パラメータが肝要であり、理論的検討、数値解析、実状調査などによる事前検討結果を分析して設定されるが、筆者の経験として最後は直感によるところも大きい。力学的なセンスが問われる瞬間である。

　これに続く実験方法、測定方法、実験結果の評価方法などの詳細は専門書に譲るが、研究成果としては数学的定式化が求められる。実験データが豊富に取得できれば統計処理によって実験式を構築することは可能である。実験データが少なくても今日的な数値解析の手法を活用すれば、検証対象によっては実験データを補完することも可能である。しかし、力学的な仮定に基づいた理論式を構築し、その妥当性を実験データによって立証するのが、論理構成としては美しい。数学的定式化と実験の時系列的な前後はともかく、ガリレイが編み出した仮説・論証・実験という近代科学の方法は、幼い頃に「実験」という言葉を使っていた場面を思い出すようなワクワク感に満ちあふれている。

　なお、構造実験には載荷装置や測定機器はもちろん、多額のコストと多大な労力も必要になるため、最近は構造実験を遂行できる大学が少なくなっている。筆者の研究室は官・民との共同研究が多く、大型の研究プロジェクトにも参画している。学生諸氏には、是非この研究環境を活かしてほしい。

3　建築物の構造設計法への反映

　研究成果は、学・協会から出版されている設計指針や設計マニュアルなどに盛り込まれる。メインユーザーは構造設計者であり、君たちが構築した構造理論に基づく設計式を使って建築物の耐震安全性が計算・検証される。その先にあるのは「人間の生命と財産を守る」という建築物の基本性能の達成にほかならない。

注・参考文献

1) 山本義隆（2003）『磁力と重力の発見』（第1巻 古代・中世、第2巻 ルネサンス、第3巻 近代の始まり）みすず書房

2) フリー百科事典『ウィキペディア（Wikipedia）』（2021.10.02 閲覧）

（中野　達也）

B-3　長期に使用される構造物における情報保管および調査のあり方

keywords　コンクリート　建築材料　情報保管　診断

1　建築物と一般の工業製品との違い——情報保管の必要性と難しさ

　建築物は、テレビや冷蔵庫といった一般の工業製品に比べて、使用期間が格段に長いという特徴がある。使用期間が長いということは、建築物に部分的な不具合・劣化が生じたからといってすぐに建て替えないということを意味する。例えば、テレビが映らなくなった場合に部品を交換して修理し、使用し続ける消費者は少ないと思われるが、建築物では雨漏りが生じれば屋根や壁を修繕し、タイルが剥離すればタイルを張り替えるのが一般的である。このような材料・部材の修繕では、対象部位がどの材料をどのような接合方法で用いているかという設計情報を把握しなくてはならない。したがって、建築物の設計図書（図面や構造計算書等）を、数十年以上にわたる建築物の使用期間にわたって適切に保管する必要がある。法令等でも、この考え方に基づいて文書の保存義務が規定されており、例えば、建築士法では設計図書に 15 年間の保存義務がある。しかし、実際には、補修工事時に設計図書が紛失・欠落していた事例が多い。所有者の変更、設計事務所の廃業、災害など、情報喪失には様々な要因が複合的にかかわっているが、いずれにせよ、長期の文書保管は相当に難しいといえる。そこで、情報が喪失した場合に、材料の特性や部材内の隠蔽部の構成などの情報を計測・調査によって復元し、あるいは実建築物で確認するための方法も多く開発されている。

2　長期間にわたって情報を保管する技術とその運用

　設計図書等の情報は、一般に設計者・所有者により印刷物等の形態で、対象の建築物とは異なる場所で保管される。このような対象物と異なる場所での保管が情報喪失の原因であるとの着眼から、建築物自体に情報を保管する技術がいくつか提案されている。例えば、IC タグの埋設・貼付、QR コードの印刷・埋込みなどである。現時点では、これらの技術で広く普及に至ったものはない。これは、情報の保管に対する社会的インセンティブが小さいこと、また、これらの技術を

用いた場合であっても適切な運用なくしては情報保管が実現されないという技術的な困難さが理由と考えられる。

3　情報が保管されていない場合の調査・診断

　上述のように、長期の使用期間にわたる情報保管は相当に難しい。また、保管された情報の信頼性も年月の経過とともに問題となる。そこで、実建築物の計測によって未知の情報を取得する調査手法が数多く実用されている。表1にコンクリート材料を調査する手法の例を示す。一般に、サンプルを実建築物から採取し、実験室で分析する方が分析の精度は高い。しかし、実建築物の調査では、所有者の資産である建物をサンプル採取により破壊したくないとのニーズがある。そこで、振動・音波・電磁波・赤外線などの伝播・放射等の特性と物性との相関関係から、対象物を破壊せずに情報を取得しようとする手法が数多く実用されている。地域に散在する建築物を調査する場合、まずはこれらの手法の特性や適用限界を知っておくことが肝要である。

表1　保管されていない情報を推定する方法
（コンクリートを対象とした方法の例）

建物への影響	試験の対象	分析の方法	具体的な手法の例
破壊的な方法	建物から切り取ったコア試験体、ドリル削孔粉表面をはつり内部を観察	目視観察	中性化深さ（フェノールフタレイン法）、塩化物イオン量（滴定法）、圧縮強度試験、気泡分布計測など
		試験体の性能評価試験	
		微小なサンプルの化学分析等	熱分析（TG-DTA）、X線回折分析（XRD）、電子線マイクロアナライザ（EPMA）、細孔径分布（水銀圧入法）など
非破壊な方法	実際の建物	電気化学的な方法	自然電位法、分極抵抗法
		振動計測法	固有振動数、振動モード分析
		弾性波法	超音波法、衝撃弾性波法、ＡＥ法
		磁気による方法	漏洩磁束法
		電磁波による方法	レーダー法、X線法
		可聴音による方法	打音法
		赤外線による方法	サーモグラフィー法

（藤本　郷史）

B-4 建設材料と統計
品質管理・設計用数値の定め方

🔑 keywords　構造物　コンクリート　品質管理　正規分布

1　社会基盤構造物の特徴

　社会基盤（土木・建設）分野では、目的に応じ様々な施設を整備している。その多くはこの分野の特徴である公共の福祉に資することや、整備費用が主に公的資金から支出されるなどの理由から、企画・設計段階で定める供用期間が私用の施設よりも長く、利用が始まると容易に取り替え・再整備が困難な場合が多いという性質をもつ。目的を実現するために多種多様な材料を用いるが、特に施設に多く使われるコンクリートについては、品質の規定、品質管理の方法が一般的な大量生産品とは異なる。

2　一般的な工業製品と社会基盤構造物の品質の考え方の違いについて

　多くの工業製品は、不良品があれば交換で当初の目的を果たせることが多い。しかし、社会基盤整備では類似品はあるが、多くは適用場所・目的に応じて整備する一品物となり、量産品ではない。また在庫を常備できるものではないので、交換・更新は容易ではない。また、高額な公的資金により整備される。これらは公共財産となるので、個人住宅のような任意の取り壊しや再構築が難しい。また、設計耐用年数（供用開始から終了までの予定期間）は100年とするものがあり、この期間に社会基盤施設としての寿命を迎えないように適宜保守点検・修繕を受け維持・管理される。身の回りの工業製品をみると、例えば家電製品はメーカー保証が1年、修理部品の保持義務期間も製品により製造終了から5〜9年と定められている。このように、社会基盤施設の信頼性は一般の工業製品とは別格であり、構築開始から完成までの初期の品質保証と、供用期間内の品質・性能の維持・管理が重要となる。

3　社会基盤整備における施設が有する特性と材料の性質

　整備後に社会基盤施設が利用できなくなると、施設を利用することで成立して

いたすべての社会活動が成立せず、便益・利便性を失い、時間的・経済的な損失は計り知れない。また、再整備するには既存施設を解体・撤去し、同じ場所もしくはその近辺に同等以上の機能をもつ施設を整備し直すことになる。これらに要する時間・費用も莫大なものとなるため、計画段階から慎重に費用対効果について検討する必要がある。

　また、社会基盤施設を構成する材料としてコンクリート・鋼材・土石が多量に使われる。コンクリートの材料はセメント、砂、砂利および水である。これらはJIS 規格に則している。また、多くの工事ではレディーミクストコンクリート工場にて固まらない状態のコンクリートを製造し、施工現場まで運搬、荷卸し、型枠の中への打ち込みという過程を経るが、これらの各段階でも品質に関する規格値がある。また硬化後のコンクリートは社会基盤施設の機能を発揮するために所定の品質を有する必要がある。様々な規格があるものの、施工では人手が介入し、また屋外施工が多く、天候に影響されることから、完成品が品質を保持するために安全性を考慮し、構造物は設計される。

　同じ材料・同じ方法で製造されても、製造時期・環境・養生を極力揃えても、コンクリートの品質は一定にならず、ある程度はばらつく。これは、砂・砂利などが天然資源由来であること、セメント自体は天然資源および種々の廃棄物を原料とし製造されるためである。前述のようにコンクリートの材料は JIS 規格に則しているが、規格で許容される品質変動の幅は、均質な材料から製造される一般の工業製品より大きい。品質変動の許容幅が小さいと、要求品質に合致する材料が確保しにくく、品質変動の許容幅を逸脱する頻度が多くなり、いわゆる不良品の割合が大きくなる。これを除外するには、より多くの原料を確保し許容幅に収まるものを選別しなければならず製造コストは上昇し、製品も高価になる。

　従って、多量に必要な材料に対し必要以上に品質変動の許容幅を小さくすることは、その材料で造られる施設自体の品質は維持しやすくなるが、上記のように材料費が上昇する可能性があり、過度に品質基準を厳しくするべきではない。一方、その施設に些細な欠陥が生じると、施設のある地域・環境に対して深刻な生命への悪影響が現れる可能性がある場合、例えば、原子力発電所や大規模な化学工場などの整備においては、厳しい品質管理が必要となる。

4　コンクリートの品質管理について──強度を中心に

　コンクリートの品質管理の一例として、不良品率と品質基準強度の設定方法について解説する。量産される工業製品の品質や、実施方法が確立されている試験によって得られる結果は、（操作者・測定者の癖や恣意的な操作、使用機材の影響を受けないと考えられる場合には、）図1のように平均値Mで頻度が最大となり、平均値Mを対称軸として平均値Mより大きい方向と小さい方向に均等に裾野が広がる正規分布となる。測定値を対象として統計処理により標準偏差σを求め、正規分布の曲線と横軸で囲まれた面積を1（100%）とすると、グラフにおけるM$\pm 1\sigma$

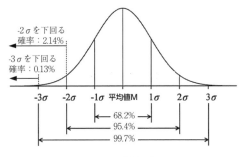

図1　正規分布の概要

の範囲の面積は68.2%、M$\pm 2\sigma$の範囲の面積は95.4%となる。これらの面積割合はその値となる確率と同値である。よって、ある製品の不良率が2%まで許容されたとすると、横軸の値［M-2σ］よりも小さい部分の面積が約2%になり、品質管理においてはこの［M-2σ］の値を下回らないことが求められる。σは様々な条件で異なるが、σが大きい、すなわち品質のばらつきが大きくなると、σが小さい場合と比較して平均値自体をより大きくなるようにしなければ、許容される不良率2%以下を満足できない。また不良率をゼロに近付けるには、下限値を［M-3σ］とすると、これを下回る部分の面積は約0.1%となり、ほぼゼロと見なせる。つまり、不良品をなくすためには、品質の検査結果の値から得た平均値が、下限値よりも3σ以上大きな値となるように製造・管理すればよい。

　一定条件で定常的に大量生産される製品では、品質のばらつき（変動係数Vという）は小さいので、比較的容易に実現できる可能性がある。しかし、社会基盤施設では、種々の理由から品質のばらつきが大きく現れる可能性が高い。コンクリートではVを10%程度とし、V$=\sigma$／Mと定義された関係式から品質管理に用いる標準偏差σを求めている。また、土木学会のコンクリート標準示方書では、コンクリート施設の設計に使う強度の値は、設計基準強度f'_{ck}、設計圧縮強

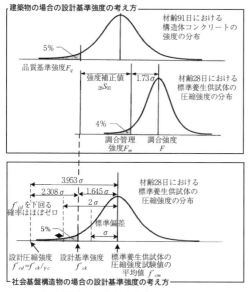

建築物の場合の設計基準強度の考え方

5%
品質基準強度F_q

材齢91日における構造体コンクリートの強度の分布

強度補正値 $_{28}S_{91}$

1.73σ

材齢28日における標準養生供試体の圧縮強度の分布

4%

調合管理強度F_m 調合強度F

3.953σ
2.308σ 1.645σ
2σ

材齢28日における標準養生供試体の圧縮強度の分布

f'_{cd}を下回る確率はほぼゼロ

標準偏差 σ

5%

設計圧縮強度 $f'_{cd}=f'_{ck}/\gamma c$

設計基準強度 f'_{ck}

標準養生供試体の圧縮強度試験値の平均値 f'_{cm}

社会基盤構造物の場合の設計基準強度の考え方

図2 正規分布をもとにしたコンクリートの設計基準強度の定め方

度 f'_{cd} などがあるが、施設が耐えられる外力の最大値（耐力）を求める場合は f'_{cd} を用いる。これは $f'_{cd}=f'_{ck}/\gamma c$ で定められ、f'_{ck} をコンクリートの材料係数 $\gamma c = 1.3$ で除して求める。

　また、コンクリート建築物の構築では、日本建築学会で定めた「建築工事標準仕様書・同解説 鉄筋コンクリート工事」（JASS5）に従わなければならない。ここでも、品質基準強度 F_q を定め、構造体に使ったコンクリートの強度が

これより下回る確率が5％となるように定めている。また、F_q に施工時期による強度補正値 $_{28}S_{91}$ と試験値の σ の1.73倍を加えた値を、調合強度 F としている。こちらの場合も、構造体の供用期間内に考えられる様々な要因を考慮し、品質の下限値を下回らないように品質基準強度を定めている。

5　社会基盤構造物の品質基準の考え方

　工場で安定的に多量生産される製品の品質管理とはやや異なるものの、社会基盤施設や建築における構造物の構築において、設計時に想定される供用期間／使用期間内でその構築物が使用できなくならないように、十分な安全性を保証できるように、材料のばらつきや施工の条件を加味して品質管理の方法が、統計的手法を用いて定められている例を取り上げ示した。また、工業製品における不良発生率をゼロにすることの難しさおよび無駄についても示した。

参考文献
日本産業規格：JIS A 5308-2019「レディーミクストコンクリート」

（丸岡　正知）

B-5　土を扱う際の諸注意

土質試験を行う際の注意事項

keywords　土質力学　土質試験

1　はじめに

　土木あるいは建築における材料として、最も古くから使われている材料のひとつに土がある。土は人工的に用意される鉄やコンクリートと異なり、自然に存在している多種多様なモノである。土を扱う学問として土質力学（Soil mechanics）や土質工学（Soil Engineering）、もっと大きな括りとして地盤工学（Geotechnical Engineering）があるが、土を扱う学問が、"土質力学" として体系化されたのは、Karl Terzaghi 教授によってドイツ語で 1925 年に出版された土質力学の教科書「Erdbaumechanik auf Bodenphysicalischer Grundlage（土壌物理学に基づく土質力学）」からである（近代土質力学のスタート）。当然、人類の歴史とともに土は道具として扱われてきているので 1925 年よりもはるかに昔から脈々と重要な成果が多く発表されているが（Charles-Augustin de Coulomb による土圧論（1773 年に提唱）、William John Macquorn Rankine による土圧論（1857 年に提唱）など）、それでも体系化は 20 世紀に入ってからということで未だに成長過程にある学問のひとつである。日本においても 1949 年に国際土質基礎工学会の日本支部に相当する「日本土質基礎工学委員会」が発足し、土質工学会（現 地盤工学会）等により精力的に高度化が進められている。そのような状況において、建設分野で地盤を扱う際には、その地盤を構成する土自体の特性を把握する手法として各種土質試験がある（前述の地盤工学会が基準化）。

　土質試験は、ある種類のある状態にある土の性質を、土そのものに語らせる手段／方法であり、いわば医療従事者の診断と同じ性格をもつものとされる。多くの土質分野の教科書の序論部分に、地盤工学（土質工学／土質力学）とは、地球のお医者さん等と書かれているのはここに由来する。

　本稿では、土質試験を実施する上で注意しなければならない点をいくつか記載する。なお、実際に土質試験を実施する場合は、地盤工学会から出版されている『土質試験　基本と手引き（第一回改訂版）』や『地盤材料試験の方法と解説（第

一回改訂版)』等の解説書を熟読の上、実施してほしい。

2　土の成り立ちと取り扱う土のデータ

(1) 土の成り立ちを考える

　構造物を支えている地盤あるいは土が変形・沈下すれば、その上部に位置する構造物にも障害（変形・沈下）が少なからず発生する。このため、少なくとも地球上に構造物を造る限りにおいては、地盤や土も構造物の一部と考えて設計をする必要があるといえる。大抵の構造物が、コンクリートやスチールなど品質管理がしっかりとなされた工業製品の材料でできている一方で、地盤の材料である土（土質）は自然そのものであり、工業製品の材料と同じ感覚で扱うことができない場合が多々ある。つまり、地盤や構成材料の土の成り立ちや性質をしっかり見極めて扱う必要が出てくる。

　工業製品の材料の場合、品質管理が行われ、保証された品質の製品が得られているが、現地にある地盤（土）では、その品質である土質特性や地盤物性などの性状は、調べない限り "不明" であり、現地調査や試料採取による土質試験で確認する必要がある。このとき、その地盤（土）自体の特性把握が重要になるが、特にその土の生い立ち、成り立ちが重要となる。土の成り立ちを考えた場合、地殻を構成する土の多くが、火山活動によってつくられた火成岩の分解によって生じている。火成岩は、造山活動に起因する地殻変動や地震、気象による風雨や温度変化などによって、物理的あるいは化学的に岩石が破壊される風化作用によって細粒化する。その後、風化し細粒化した岩だったものが再度固結し、堆積岩、あるいは堆積土になるなど、何万年もかけて行われた堆積輪廻上に土は存在することになる。また、噴火によって生じた火山灰、植物の堆積によってできたピート（腐植土）や藻類の一種である珪藻の殻の化石の堆積物である珪藻土など、特殊な生い立ちをもつ土もある。これらは自然由来のモノであり、工業製品のように画一的に決まる性質をもつ土はむしろ少ないことを、その生い立ち、成り立ちから理解することができる。

(2) 取り扱う土の身元調査

　自然地盤や土は、非一様である。例えば、河川堆積層や埋立地盤などは、堆積環境が時間的、空間的に激しく変化するため、地盤や土の構成は大きく違うケー

スがあり、限られたエリア／ポイントで土の特性を調べることが正しくその地盤の値を代表しているとは限らない。土質力学や土質試験の専門書に土粒子密度や透水係数や強度定数が"代表値"と記載されている、あるいは値に"幅"をもって記載されているのは、上記のように、地盤や土自体が多くの条件によって影響を受け、各種数値が異なるためである。

　他方、設計を行う場合で現位置試験や現場試験、土採取による各種試験が何らかの理由によって実施できない場合や調査の早い段階では、各種基準内に記載される設計値（設計をする際に用いられる代表値）を用いて設計を行う。ただし、これらの設計値を用いる場合も、多くの基準では、地盤調査や現位置試験、室内試験を実施して対象地盤（土）の特性を把握することが最良の手段としている。このような点でも、地盤や土の扱いは、工業製品に代表される人工材料とは異なった扱いをするため、各種データの取り扱いには注意が必要である。これらの特殊性について"土の身体検査と身元調査"という言葉を使って説明している専門書（地盤工学会　入門シリーズ21）もあるくらいである。

3　土質試験を行う際の配慮

　上述の通り土を扱う際には、「土の身体検査と身元調査」が必要になる。土質試験を実施しその土の特性を把握することで、情報を手に入れることになるが、次に構造物を築造するため設計を行う際には、検討する場所やモノ（地盤、土の上に設置される構造物）により、どんな値が必要になるのか、どんな特性を把握しておかなければならないのか、あらかじめ検討する必要があり、それによって実施する土質試験そのものや試験条件を変える必要がある。

　摩擦性材料の粗粒土であれば、深度方向で強度は変わり、一般的に深いほど強度は大きくなる。このため、三軸試験（JGS 0521、JGS 0542 など）や中空ねじり試験（JGS 0551 など）、単純せん断試験などの土被り圧（拘束圧）を載荷できる試験法を選択する必要が生じる。対して、粘着力による強度が支配的な材料（主に粘土などの細粒土）では、摩擦性材料ほど深度の影響は受けず、拘束圧を作用させる試験法の必要は高くなく、より簡易的な一軸圧縮試験（JIS A 1216）でことが足りる場合も多い。同様に土中の水の流れを把握する透水試験（JIS A 1218）であるが、変水位試験と定水位透水試験があり、その土のもつ水の流れやすさによっ

て試験法を試験者自身が選択して行う必要がある。

　さらにこれらの試験は、供試体（試験体）を試験者が整形し試験を行うことに
なるが、その供試体が自然界に存在しているものを再現する必要があるかもしれ
ない。あるいは、それとは関係なく、密に詰める／緩く詰めるなど試験者の都合
で決めることになる。その上、前述の通り、同じ土、同じ条件で実験を行った場
合でも、材料由来の差や試験者の熟練度によっても得られる値にばらつきが生じ
る可能性もあり、数回試験を繰り返し、試験結果の再現性を確保する必要があ
る。このほか、土質試験を実施する際には、多くの付帯事項や配慮する項目があ
る。実際に室内試験を実施し土を扱う場合には、基準書の手順だけでなく、付帯
事項や備考などをよく読み内容を理解し、自分が求めたい地盤（土）のデータが
これから実施する試験で得られるのか、またばらつきの程度などを含め値の信
ぴょう性についても配慮し実施することが求められる。

4　まとめ

　地盤（土）を扱うには自然由来の材料ということを念頭に多くの配慮が求めら
れ、調査や設計を行う際に使用する情報を明確化すること、その情報を得るには
どのような試験法が適切で、どうやって情報を入手するかよく吟味することが必
要である。頁の都合もあり詳細は、各種専門書に譲る。

参考文献

チェボタリオフ，G.P. 著、石井靖丸訳（1966）『チェボタリオフの土質力学（上巻）』技報堂：1-34

最上武雄編著、土木学会監修（1969）『土質力学』技報堂：1

平井利一・森利弘（2009）『土質工学をかじる──建設技術者の常識としての土質力学』理工図書：
　1-18

土質工学会（1968）『土質基礎工学ライブラリー4　土質調査試験結果の解釈と適用例（第一回改訂版）』
　土質工学会：1-31

地盤工学会（1995）「第1章　試験を始める前に　土質試験は何のために？」『入門シリーズ21　土
　質試験から学ぶ土と地盤の力学入門』丸善：3-18

地盤工学会（2001）『土質試験　基本と手引き（第一回改訂版）』丸善

地盤工学会（2020）『地盤材料試験の方法と解説（第一回改訂版）』丸善

（海野　寿康）

B-6　土木構造解析

ꞅ keywords　解析　静的解析　動的解析　骨組みモデル解析

1　はじめに

　土木構造物を設計するとき、いまではほとんどの場合、構造解析が行われている。人々の生活を支えるための土木構造物は大昔から存在するが、力学や計算工学が発達していなかった時代には、経験から得られた知識をもとに構造物が造られた。例えば、フランスにある世界文化遺産で、ローマ時代に建設されたポン・デュ・ガールという水道橋はこれにあたる。その後、物理学のなかでも、構造力学の発展により、構造物に外力を与えて構造物の各部分（構造部材）の応力状態や全体の変形を計算し、構造物の挙動を数値化できるようになった。1883 年に開通した米国のニューヨーク・マンハッタンにあるブルックリン橋（写真 1）は、当時の構造力学によって設計され、現在でも人々の生活を支える重要な橋であり、ニューヨークのシンボル的な存在である。近年では、コンピュータが発達し、計算工学および有限要素法と呼ばれる数値解析法が実用的となり、構造物の設計に構造解析が一般的に用いられるようになっている。土木構造物も複雑化しており、かつてのように構造力学を用いた手計算による設計は難しくなっている。そこで、土木構造に関する構造的問題を解決する手法として、土木構造解析については知っておく必要がある。

写真 1　ニューヨークにあるブルックリン橋

2　土木構造解析の種類と方法

（1）構造解析について

　構造解析には数値解析法が用いられると述べたが、数値解析法とは数値計算法を用いて、数値的に構造物に関する問題を解く方法である。微分方程式や行列式

を解く場合、簡単な問題であれば、高校の数学で学んだ範囲で求めることができるが、複雑化すると解くことが困難になる。そこで、近似計算の理論を用いて数値的に問題を取り扱って近似解を求める方法が数値計算法である。コンピュータの出現により数値計算法が可能となり、より早い計算能力のあるコンピュータによって、現在の構造解析が可能となっている。

　構造解析の数値解析法でよく用いられるものに有限要素法（FEM: Finite Element Method）がある。構造物に関する問題、例えば、構造物に力が作用した場合の応力状態や変形を数値計算法によって求める方法である。一例として、FEM解析によって求めた鉄筋コンクリート梁に生じる変形とひび割れ分布を図1に示す。

**図1　FEM解析による梁の変形
およびひび割れ分布の結果**

ある程度の構造物の変形は、手計算で求めることはできるが、ひび割れ分布やひび割れの影響も含めた変形を求める場合には有限要素法が力を発揮する。

（2）構造解析の種類

　作用する荷重の状態に応じて、構造解析には静的解析と動的解析がある。静的解析は構造物が静止している状態を解く問題であり、動的解析は構造物が動いている状態を解く問題である。車やトラック（活荷重）に対して橋を設計する際には、車やトラックが走る状態は厳密には動的問題ではあるが、動的な影響はあまりないと考えて、静的に作用させた静的解析を行う。一方で、橋に地震力が作用した場合は、作用する地震力は時間とともに刻一刻と変化する。時間とともに変化する地震力に対する橋の挙動や安全性を調査するときには、地震動解析という動的解析が用いられる。

　さらに、構造解析には、構造部材や材料の特性に応じて、線形解析と非線形解析がある。高校物理で扱う「フックの法則」を覚えているだろうか。ばねを引っ張ったとき、ばねの伸びは引っ張る力に比例するという法則である。この比例関係が成り立つときが「線形」であり、成り立たないときが「非線形」である。線形の状態を想定して解析を行うのが線形解析で、非線形を考慮して解析するのが非線形解析である。一般的に、荷重が作用した場合、構造物にほとんど損傷が生じない状態が線形で、この場合は荷重を除荷すると元の位置に戻るが、損傷が生

じ始めると非線形となり荷重を除荷しても構造物の変形は元には戻らない。前述した橋に活荷重が作用した場合は橋に損傷が生じないことを確かめるので、線形解析が行われるが、地震荷重のような大きな荷重を考えるときには、橋に一部損傷が発生する場合もあるので、非線形解析を行っている。

(3) 構造解析の方法

　近年では構造解析を行う様々な構造解析ソフトが開発されており、一般的にはこれらを利用しているため、ここでは、構造解析ソフトを利用した構造解析の方法について、橋の静的解析を例として示す。有限要素法を用いて構造解析を行う際には、まず、構造物をモデル化する必要がある。橋をモデル化する場合は、骨組みモデルがよく用いられる。骨組みモデルとは、動物の骨をイメージしてもらえばわかるが、構造物の骨格を取り出して、骨のような線（梁要素）でモデル化して、骨格を組む方法である。図2は斜張橋（主塔からケーブルを斜めに張り、橋台に直接つないで支える構造の橋）を骨組みモデルによりモデル化した例である。実際の橋の構造部材は、線ではなく厚みと幅があるが、梁要素に簡略化してモデル化することにより、計算時間を大幅に短縮できる。一方、橋の部分的な応力状態を詳細に見たい場合は、板要素（シェル要素）や立体要素（ソリッド要素）を用いてモデル化することが多い。図3は、鉄筋コンクリート梁の載荷実験を再現するために、立体要素で梁をモデル化したものである。さらに、構造物をモデル化する際には、構造部材のモデル化に加えて、支承（橋桁と橋脚の間等に設置する部材のこと）や地面との接続状況を表す境界条件（固定、可動、回転）を設定す

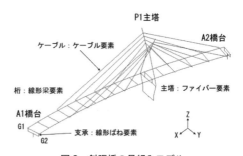

図2　斜張橋の骨組みモデル

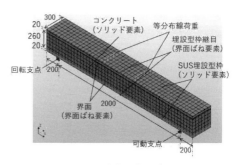

図3　梁の立体要素モデル

る。

次に、作用する荷重を設定する。その際、作用する荷重の位置と大きさを指定する。橋に活荷重を作用させる場合は、設計したい構造部材に一番大きな力が作用する位置に荷重を載せる。また、構造物には自重といって重力によって橋自体に作用する荷重が常に存在するので、自重分も考慮する。構造物のモデル化と荷重の設定が終われば、準備が整うので、解析を実行する。解析結果としては、骨組みモデル解析では断面力が出力され、板要素や立体要素解析では応力やひずみが出力される。また、荷重を作用させたときの構造物に生じる変形も求めることができる。

3　おわりに

コンピュータの発達によって、構造解析は特別なものではなく、一般的に構造物の設計に用いられるようになった。構造物が複雑化するなかで、安全で安心な構造物を造るためには、構造解析は必要不可欠となっている。構造解析技術は日々進歩しており、ある程度、構造物の挙動を解析により再現できるものの、未だ正確に構造物の挙動を把握できる状況ではない。今後は、構造実験等による結果と比較しながら、新たな構造解析モデルを開発するとともに、構造解析の精度を上げる必要がある。

（藤倉　修一）

B-7 岩盤構造物の活用のための近似解法とその準備

keywords　現場調査　入力データの推定　近似解法　結果の活用

1　はじめに——岩にかかわる問題を解くとは？

　道路、橋、トンネル、ダムの社会基盤は、人々の生活を支え、これらは地盤が支えている。地盤表面の浅い部分は主に鉱物の粒、火山噴出物や草木が分解された有機物で構成される土で覆われ、それより深い部分は岩で占められている。この地盤の特徴は、地域によって異なる。ここでは地域特有の岩を対象として社会基盤の建設を題材とする。新たに力が作用して岩盤が変形する問題を扱う場合、現場の状況をそのまま再現しようとすると複雑過ぎる条件を考慮する事になる。その場合、現象を表す式を解いて真の答えを得る代わりに解きやすく工夫して近似解を得ることがある。

2　岩を工学的に扱うとは？——現場から学ぶ岩と岩盤の性質

　岩は、亀裂などの地質学的な構造である不連続面を含むことで岩盤として扱われ、その工学的性質を把握することはさらに難しくなる。岩は本来鉱物を組み合わせた構造をもっているため、扱う大きさによってその鉱物の含み方、組み合わせが異なるので、岩盤として扱う大きさを十分考慮する必要がある。栃木県の県の石のひとつである大谷石は、太古の火山の噴火に伴う噴出物がその当時の海の中に堆積して固まり、これがいまの高さまで隆起して生まれたもので、地質学的に軽石凝灰岩と分類される。その石が石材として採掘される大谷町の名前が付けられている。宇都宮駅にある餃子の像や県内各地の建物や擁壁で見られるように、一見淡い緑色の色合いに"ミソ"と呼ばれる粘土鉱物が斑点状に入っている単純な構造のように見えるが、その構造は単純ではない。石材としてよく用いられる花崗岩は地下深くでマグマがゆっくりと固まり、石英、黒雲母、長石の鉱物にしっかりと区別できる構造をもっている。大谷石は花崗岩とは大きく異なり、様々な鉱物が複雑に組み合わさった石である。これを工学的に扱うということはこの複雑な構造を持った岩の構造や性質を数値化することを意味する。このため

に、基準にしたがって強さなどを求める試験を行う。また、水を浸透させることでその性質や力が加わった際の変形挙動も変わるので、水の通しやすさを数値化することも行われる。

<h2>3 現場に基づいた問題を解くとは？——岩盤を例にして</h2>

(1) 岩盤に作用する力を考える

　岩盤は、固く丈夫であると一般に考えられ、大別して橋の基礎や建物の基礎のように構造物をその上に造る場合と、トンネルなど岩の中に構造物を造る対象として考えられる。構造物の建設を問題と設定すると、この問題を解くことに置き換えることを考える。まず岩盤のなかにもともと作用している力、「初期応力」を見積もる必要がある。地表に近い層であれば、岩盤の重さから上下方向の力と側面に作用する力と構造物との関係を考慮することで換算できる。

(2) 設定した問題を解くための条件設定について

　岩盤に限らず作用する力に注目すると、その現象を表現するためには偏微分方程式が用いられる。偏微分方程式は、2個以上の独立変数をもつ関数の微分である。作用する力を解く場合、一般的に変位を各方向に微分した係数を組み合わせた力のつり合い式となる。この方程式は、積分を適用することで答えを得る。ここでは、岩盤に作用する力に応じての応答する変位に注目し、問題を解く枠組みを考える。微分方程式の定義域を規定せず積分すると、任意の定数が出てくる。この観点から解きたい問題を設定するということは、適切な条件を与えてこれらの定数項や任意の定数を確定することを意味する。その問題を設定するための条件を取り込むことで、解きたい現象を表現する偏微分方程式の解を確定値とすることができる。この問題設定のための条件を「境界条件」という。地震時など加速度を伴う現象を扱う場合、時間も独立変数として含むことになり、はじめの時間で解きたい関数の状態をあらかじめ規定する必要がある。これを「初期条件」という。問題を解くために設定されるこれらの条件が、答えを大きく左右するので、細心の注意を払って設定する必要がある。

(3) 現場や実験から求める各種の条件

　問題を解くためには、現場の構造、作用している力などについて理解する必要がある。山に掘るトンネルを例にとると、岩の中をトンネルとして掘り進むに連

れてトンネルは内側に潰す方向に変形する。また、掘削によって岩盤が取り去られることで、それまで山を支えていた力が再配分される。しかしこの領域に作用する力は正確に知ることは不可能である。トンネル掘削によってどのくらいの力が解放されるかは推定するに留まる。岩盤に力が作用して変形する問題を解く場合、ばねに作用した力に応じて形の変わりやすさを示す弾性係数 E、力が作用する方向に対する変位 u、正確にいうと、その変位を測定する長さを基準とした変位の比であるひずみ ε と横方向のひずみ ε' との比であるポアソン比 ν、力が作用し、その力をもとに戻そうとしたとき、ある力を超えると戻りにくくなる降伏点の大きさを表現する各種係数などをあらかじめ決める必要がある。ただし、岩盤は場所ごとにその特性が異なるために、確定値を求めることは不可能である。岩盤中にトンネルなどの構造物を造る場合、作用する力も正確には求められず、構造を支える材料の特性もばらつきを含むので、現地調査や実験室内で得られた結果を平均的な値で扱うことになる。曖昧な要素を多く含む材料に重ねて確定値が不明な力を作用させ、その応答を知ることになるので、出てくる答えの確認および解釈が大変重要である。一方で、時間変化を伴う現象では、これに対して、質量×加速度の項が増えた偏微分方程式で示される運動方程式を解くことになる。

(4) 近似解法の例示

（偏）微分方程式を解くためには、変数分離、座標変換、数値解析、積分方程式など様々なアプローチの手法がある。これらのなかで複雑な境界条件や初期条件を満たす解を得る場合、「近似解」（与えられた問題から得られる真の値ではなく、別の手順で求めた真の値に近い値）を求めることが一般的である。ここでは 2 つの方法の概略を示す。(i) 差分法：常微分方程式で仮定した支配方程式 $\frac{df(x)}{dx} = 0$ を領域 V で微分可能な解きたい関数としたとき、微分の定義にしたがって、独立変数 x による微分が、微小区間 Δx の関数値の差を独立変数の微小区間量 Δx で除してこれを 0 にする極限値を取る代わりにそのままの式を連立させて解くもので、対象とする領域に格子状に独立変数の微小区間の長さをもつ格子構造をあてはめ、格子の交点の関数値を求める連立方程式を立てて解く方法である。(ii) 有限要素法：支配方程式 $\frac{df(x)}{dx} = 0$ を積分で解く際、自分で既知の関数を選択し、係数を掛け合わせて組み合わせ、解きたい関数を近似（大まかに解きたい関数に近

（i）差分法の概略

$$\frac{df(x)}{dx} = 0 \text{ in } V \text{ のとき、}$$

$$\frac{df(x)}{dx} = \lim_{\Delta x \to 0} \frac{f(x+\Delta x)-f(x)}{\Delta x}$$

$$\to \frac{df(x)}{dx} \cong \frac{f(x+\Delta x)-f(x)}{\Delta x} \text{ と近似}$$

（ii）有限要素法の概略

$$\frac{df(x)}{dx} \cong \frac{d\hat{f}(x)}{dx}、\hat{f}(x)：既知関数で近似$$

$$\int_V (\frac{d\hat{f}}{dx} - \frac{df}{dx}) w(x) \, dx \quad \to \quad 0$$

重みとなる関数 $w(x)$ を定義し、
この積分を満たすように解を近似

いかたちで表現）して $\frac{d\hat{f}(x)}{dx}$ とする。近似した関数 $\hat{f}(x)$ と解きたい関数 $f(x)$ が示す値の差を最小値とするために、重みとなる関数 $w(x)$ を掛け合わせて積分する。この方程式をもとに解きたい関数を近似するために、既知の関数に掛け合わせた係数を括り出し未知数とし、解きたい領域の形状を有限個の要素に分け、要素の頂点となる節点の位置で近似した関数の定数項を連立方程式で解く。微分方程式で示される支配方程式を連立方程式で近似することで、四則演算の得意な PC でもある程度の大きな問題を手軽に解けるようになった。

4　おわりに──近似で求められた答えの扱い

　自然の一部である地盤中の固い部分を構成する岩や岩盤について、解くべき問題の設定方法とその問題を解くまでの概略を解説した。問題を解くための道具は、設定した問題に関連した支配方程式（対象とする物理現象を表現する式）の近似解を導くものである。不確定な要素が多い材料や問題設定でも境界条件や初期条件を設定することで、何らかの答えは出てくる。ただし、得られた答えは、あくまでも近似解で、その正しさを確認し、結果が表す現象とその理由を考えることが大切である。実際、解析は答えが出始めてからの方が時間を要する場合も多い。

参考文献

日本材料学会編（2002）『ロックメカニクス』日本材料学会

日比野敏（2007）『技術者に必要な岩盤の知識』鹿島出版会

ファーロウ，S.J. 著、伊理正夫訳（1996）『偏微分方程式──科学者・技術者のための使い方と解き方』
　ワイリー・ジャパン、朝倉書店

（清木　隆文）

B-8　リスクマネジメント

keywords　リスクマネジメント　経済マネジメント　リスク認知

　リスクマネジメントは、経済産業省によると「リスクを組織的に管理（マネジメント）し、損失等の回避又は低減を図るプロセス」とされている[1]。リスクマネジメントに関する国際規格 ISO31000 では、リスクマネジメントの指針として、マネジメントの枠組みや、実践のためのプロセスについて記載されている（図1）。リスクマネジメントのプロセスに「リスクアセスメント」がある。リスクアセスメントは、どのようなリスクがあるかを洗い出し（リスク特定）、それらのリスクへの理解を深め（リスク分析）、分析の結果を評価する（リスク評価）という一連のプロセスからなる。

　リスクマネジメントの応用：

　① エネルギーに関するリスク認知。学生にとって、国内で主流となっている各タイプの発電（石炭、石油、LNG、原子力、水力、太陽光）のリスク認知とそれらの形成要因を明らかにする。

　② 地方公共工事の入札について、発注者のリスク認知とその影響要因を調査・分析することによって、リスク認知に有意に影響を与える要因を明らかにする。

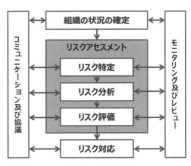

図 1　ISO31000 における
　　　リスクマネジメントのプロセス

注・参考文献

1）ISO/DIS 31000（2009）Risk management: Principles and guidelines on implementation. International Organization for Standardization.

（王　玲玲）

PART IV

地域に還す

Chapter 1

地域との共創における大学の役割
（学長インタビュー）

学　長　池田　宰
聞き手　藤原紀沙（建築都市デザイン学科）
参加者　石井大一朗（コミュニティデザイン学科）
　　　　長田哲平（社会基盤デザイン学科）
　　　　野原康弘（地域デザインセンター）

1　地域における大学の役割

（藤原）学部出版シリーズ第2編として、今回は地域を「読み・解く」技法をテーマとしています。地域をどのように分析するか、科学的なアプローチで読み解くかということに重点を置いた内容となっています。本日は池田学長に、読み解いた内容を地域に還すという観点から色々とお話しいただければと考えております。就任されてから各自治体をまわられていますが、まずそのあたりの印象などをお聞かせいただければと思います。

（池田学長）これまで各自治体をまわっていますが、各市町の要望が当然異なっていて、農産物の課題、観光面、工業面、とそれぞれ課題がありますが、これに加えて、多くの自治体の首長さんから、人材育成についての要望を伺っています。宇都宮大学は教育研究機関であり、そのなかで教育、人材育成としては、本学で修学後、地元や各地域で活躍する人材を育成しています。一方でリカレント教育や社会人教育にも、十分対応していくことが求められています。

栃木県全体の人口流出入は、基本的には若年層以外の年代はそれほど差がありませんが、若者の世代では、大学進学もしくは就職などで、人口流出過多になっています。大学進学で県外に出る学生をどう引き止めるか。また、大学としては地元活性化ということで、地元の高校と連携した取り組みもあります。

大学の第4期（令和4年〜5年）の中期計画・中期目標では、これまでの大学生をきちんと育てて社会で活躍するように送り出していくということに加えて、地域における大学の役割としてプラスアルファの取り組みとして、地域に根差しながら，地域課題の解決や地域におけるイノベーションを牽引していく人材を育成していくことが求められています。そうした様々な地域課題に対応できるよう、地域からの要望に応えられるようにしているところです。

2 　地域の多様なニーズに応えるための文理複眼と地域との共創

（池田学長） 今年から宇都宮大学の方針として、文理複眼を打ち出しています。複眼というのは、学問の話だけではなくて、世の中のことも、地域のこと、すべて色々なことを取り込んでやっていくということです。例えば、栃木県内の25の市町にはそれぞれの立ち位置があり、それぞれの課題やニーズも異なるということを理解した上で、大学側が対応するためには、色々なものの見方が必要です。また国立大学法人の立ち位置は、基本フラットで、どの色にも染まっておらず、同業他社でも集える場所というコンセプトですから、ある意味サロン的な場所というイメージもあると思います。地域のなかで、こうした立ち位置を活かしながら、文理複眼の体制で地域との連携を進めていきます。

国の高等教育のグランドデザインの話のなかで、各地域における大学は、地域のニーズに応え、強みや特色を活かすことが求められています。地方国立大学の存在意義について、我々が取り組みの成果のエビデンスを出していかないといけないと思っています。自分たちがエビデンスをもって、成果をもって、一緒にやっていきましょうと、そしてそれを地元の方々に共感してもらって、一緒に歩めるような関係性をしっかりつくっていきたいと考えています。宇都宮大学が、地域に必要とされる組織、存在であり続け、そして地域の方々に、宇都宮大学の応援団になってもらいたいと思っています。

特に、第4期の中期目標・中期計画では、地域と共に創るということで共創を重視しています。共創を進める上で重要なのは、地域と大学の関係の双方向性だと思っています。これまで、県や市町、企業とでも何かを一緒にやるときに、基本的には一方通行だったと思うのです。例えば、国や県から何か事業委託されて、一緒にやりましょうという場合や、企業とシーズ、ニーズマッチングで共同

研究しましょうとなったときに、要望、依頼を一方向的な話で単に受けて、何か成果が出ました、論文が出ました、卒業生が就職しました、というような話で終わっていたかと思います。

これからはそうではなくて、例えば那須塩原市の事例のように、学生が現場で色々な活動に加わることが、学生自身の経験になって、それをもって世の中に出ていくことができる。あるいは企業との共同研究でも、こちらがシーズを提供するだけではなくて、それがどう使われて、その企業はどうなるのか、ということまで考えて、学生さんにフィードバックしてもらう。インターンシップに加えて、例えば企業の人に授業に来てもらい、教えていただく等、色々なかたちで双方向のやり方があるかと思います。そうした双方向の関係性により、いままでの一方向の関係性では生まれなかった成果が出ると思うのです。地域と大学が一緒に進んでいくというかたちをつくり、そうした積み重ねによって、地域から信頼される存在になるのではないかと考えています。

3　地域の特性と大学の特性を活かした取り組み

（藤原） 宇都宮大学と地域との新しい関係性をつくるために、共創という考えがあって、双方向で対話しながらやっていくなかで、大学が新しいかたちの役割を果たしていくことを理解しました。そうした関係性をつくるなかで、大学と地域がそれぞれに有している特性というものがあると思いますが、そうしたものの関係付けや活用についてどのようにお考えになっていますか。

（池田学長） 自治体の首長さんとお話をするなかで、実は色々なものがあるというのが、栃木県のひとつの武器、魅力でもあり、同時に難しいところでもあるということを感じています。栃木県は首都圏のサテライトで、交通の便も良く、農業も工業も、観光地も優れたものがきちんとあります。一方で、国の政策でも、首都圏は色々なものが集中しているが、地方はそれぞれの特長をひとつに絞り、例えば特区のようなかたちで頑張れ、みたいな話があるわけです。そうなったと

きに、栃木県は、色々な強みをもっていることから、ひとつに絞ってその色を出しにくい。一方で市町全部の底上げができるかというと、農業が強いところ、工業が強いところ、観光で色々できるところ等々、各市町の特徴も当然色々あります。そういう状況のときに大学として何ができるかとなった場合、それぞれオーダーメード的に対応してやっていくしかないと思うのです。それができるのが総合大学の強みだと思います。そういう意味では、宇都宮大学の場合は理系文系を含めて、色々な取り組みがあることから、マルチに対応できるベースがある。そうしたことも踏まえて、文理複眼ということを大学の方針として打ち出しているのです。

　地域や企業のニーズに対して、これまでの宇都宮大学の取り組み方としては、各分野の教員がそれぞれ個別に対応するということもあって、担当窓口がバラバラでしたが、これからは窓口を一本化し、地域側のニーズ、企業側のニーズにしっかり対応する流れをつくっていきます。自治体や企業の要望に対して、産業なのか、農業なのか、人材育成なのかとなったときに、まずは窓口で受け止め、文理複眼と共創の方針のもとで対応できるようにしているところです。

4　地域人材育成と人材のネットワーク

（藤原）自治体からの要望のある人材育成についてはいかがでしょうか。

（池田学長）地域から要望がある人材育成としては、多様な世代に対し、地域で活躍する人材育成を求められています。宇都宮大学では、大学生の受け皿だけではなく、リカレント教育も含めて地域人材育成に取り組んでいます。現役の社会人に対して社会人修士、社会人博士などの学位取得の機会以外にも、以前、工学部で行っていた社会人向けの経営工学 MOT 講座から始まり、いまは「宇大未来塾」のかたちになって、さらなる新しいセミナーのかたちもできつつあります。宇大未来塾では、学位取得に関係なく、学歴も関係なく 20 代、30 代、40 代の社会で働いている方々のマインド醸成、経営学的知見の醸成も行っているので、そうした流れを今後もつくっていきたいと考えています。またこうした講座の受講者や修了者が、本学の同窓生というかたちで大学生の活動とつながり、地域の人材のネットワークをつくっていくことも考えられます。

　高校生に対しても、こうした取り組みのなかで対応できたらと思っています。専門分野に触れたり、地域の良さに気付いたり、地元への関心を醸成することも

重要ですし、同時に若いうちは、世界に武者修行に出て見聞を広めることも重要です。宇都宮大学には日本各地から学生が来ていますし、海外からの留学生も来ています。そうした若者が、武者修行を経て、栃木に定着してくれたり、戻ってきたりするような、多様な受け皿や機会を提供していくことも地域の大学の役割だと思っています。

5　地域からの学びと大学の価値、学生の満足感

（池田学長）学生たちが卒業するときに、宇都宮大で学んでどうでしたかと聞くと、話半分くらいかもしれませんが、だいたい9割ぐらいの人が良かったですと答えていただけます。一方、在校生や卒業生の宇都宮大学に対するアイデンティティが弱いということも耳にします。大学に対するアイデンティティをもう少し強くもってもらえる余地があるのではないかと考えています。

　世間に認められる、地域から信頼されることで、大学にとってある程度のステータスとブランド力につながり、そういうかたちにすることが、学生さんに対するこちらからのエールというか、支援でもあると思うので、地域から信頼される大学になるよう我々が努力しなければいけないのですが。

　若い先生方にお伺いしたいのですが、日頃近いところで学生さんと接していて、みなさんはどう感じていますか。

（藤原）学生たちの地域での自主的な活動も最近増えていて、地域デザイン科学部だけでなく、他の学部の学生とも連携した活動が出てきています。そうした学生たちは、地域に出ると、宇大の学生さんが来てくれたと、地域の人から喜んでもらえる。地域のなかでの宇大の存在を自覚して、宇大に来て良かった、ということを感じている学生も多いようです。

（池田学長）そういうことの積み重ねだと思いますね。宇大に入って良かったって言ってもらえる。それが、やはり我々の重要な仕事のひとつですね。

（石井）最近、地域プロジェクト演習をはじめとした地域デザインの授業で考えているのが、与えられる学びではなく、自らが発見していく学びです。地域に出かけ、これまでに知らなかった問題を見出し、解決につながる提案や行動をする。こうしたことが仲間や地域に受け止められると自己効力感を得て深い学びになる。こうした経験をした人たちは他の地域へ出かけても、宇大では、あるい

は、自分たちは、こういうことはできるということを自信をもって言えるように
なると思うのです。それはまた、新しいチャレンジをする意思を育むのではない
でしょうか。そういう人が 1 人 2 人と増えてくることで、大学の価値も出てくる
のではないかと。

（野原） 先日のオープンキャンパスで、地域デザインセンターからは地域プロ
ジェクト演習の説明をしたのですが、この演習をやりたいからオープンキャンパ
スを見に来たという高校生が結構いました。また、大学 2 年生の授業で演習の紹
介をする場面があったのですけれども、そこでも地域プロジェクト演習がやりた
くて宇大に入ったんですという感想を書いている学生がいました。高校生のうち
から、こうした地域に出るという活動を目指してくる学生も増えていると実感し
ています。

（池田学長） それは本当にありがたいですね。大学とは基本、学生が受け身で来
るところではなくて、自分から掴み取りに来る、能動的に積極的に学ぶというと
ころだと思うのです。ところが大学に来ても、教育評価などのこともあり、どう
しても同じようにカリキュラムがあって、言われた路線を辿っていけば、社会人
になれるという側面もある。自分から能動的に何かをやるという感覚が、少し薄
れてきているなと思っています。

　宇都宮大学では、学生が主体的に自分でやるということがしっかりあり、それ
を地域プロジェクト演習など、授業や学外活動の機会に掴んでもらう。能動的な
学びは、地域デザイン科学部だけではなくて、すべての学部で必要です。そこ
を、先生方にはしっかり再認識していただきたいですし、宇都宮大学はそういう
学生を育てていますと言えるようにしたいですね。

（石井） 放任になってはまずいですが、学生には、やや雑にかかわる、その塩梅
が重要だと思っています。学生に対しては、ある程度の情報を提供し、選択肢も
もってもらい、あとは自分たちで決めて、チャレンジしてもらうというかたちが
できたらいいなと思っています。ただし、教員は学生の自発性を大切にしている
ことや、十分な成果がでない可能性があることを地域や企業に対して、事前に説
明しておく必要があります。

（池田学長） そうですね、そういう仕掛けが必要ですね。これまで大学における
学びは、学内という閉じたなかでの教育プログラムを主として、学生と向き合え

ばよかったのですが、これからは、地域との関係性を含めた視点で、学生や地域に対応していくことになりますね。大学としては、国から求められる教育評価とか、学習者本位の教育プログラムなどには対応していますが、それに加えて地域との関係性のなかでの新たな学びについて、どのような教育機会をつくり、どのように教育効果を評価し、発信するかという点についても注力していく必要があると思っています。学生さんが地域に出て行って、地域に学び、そして卒業、修了したときに、どのくらいの力を蓄積して社会へ出て行っているかということをしっかり示す。宇都宮大学での学びは、こうしたスタンダードでやっていますということを地域や企業に示して、大学における学び、地域での学びの成果を説明して、それをアピールポイントとして発信していく。

　地域における大学の立ち位置というのは、やはり地域に根差すところから始まって、地域社会を変革する原動力となる地域人材を育成し、そうした人材が地域に根差しながら、活躍することで、地域から応援を受けるようにならないといけないと思っています。学生たちがそうした地域からの応援を感じることで、地域での学び、地域への関心をさらに高め、地域のなかでの自分たちの存在意義を実感する、地域と大学が相互に好影響を与え合う関係性が構築できると思います。

6　地域に還す

（藤原） 地域に還すという点で、今後の全学的取り組み、そして地域デザイン科学部の取り組みについて何かあればお聞かせください。

（池田学長） 理念、スローガンということで、所信表明のときに掲げた「地域とともに学生の未来をつくり、学生と共に地域の未来をつくる」ということを、宇都宮大学のひとつの柱としています。学生にも地域にもしっかり寄り添っていきたいと思っています。そういうところを学生さんにもメッセージとして届けたいし、一緒にやっていきたいと考えています。

　地域との関係では、ステークホルダー会議を立ち上げて、教職員、学生、保護者だけではなくて地域の自治体、地域の産業界、地域の住民も含めて全部がステークホルダーと位置付けて、地域と一緒に進んでいくかたちにしています。双方向で共に進み、共に創っていく、共創していくというのが、これからの宇都宮

大学のありよう、立ち位置だと思うのです。そういう意味では5学部すべてそうですが、特に地域デザイン科学部というのは名前から、成り立ちから、そこに特化しているようなところもあるので、中心になって、ワンチームとしてやっていただければと思っています。

　地域デザイン科学部は、設立設置が終わって1年、2年経って、ここが勝負の時です。地域と名の付く学部や学科が、国内各地に色々出てきたなかで、宇都宮大学の地域デザイン科学部は、ある意味この分野のパイオニアです。ですから、さすが宇都宮大学の地域デザイン科学部だと言われるよう、自負と誇り、そして緊張感をもちながらやっていただきたいと思っています。

　地域に入っていく地域プロジェクト演習もとてもいい取り組みだと思います。ただ授業で終わらせるのではなく、地域からのニーズに応える、実質化に結び付けていくことを期待しています。

（長田） 地域プロジェクト演習を入口にした共同研究や社会実装のプロジェクトも、那須塩原や足利などで、いくつか生まれているところです。また宇都宮などでもスマートシティのプロジェクトが展開しています。今回の出版作業のなかで、各地での取り組みをマップ化しているところです（図1）。

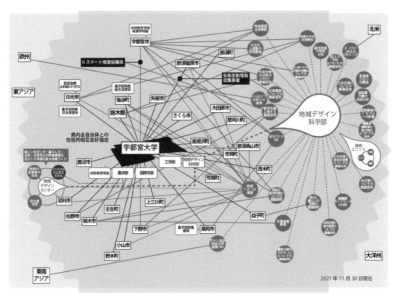

図1　地域デザイン取り組みマップ（藤原（紀）作成）

（池田学長） それはいいですね。マップで表現することで取り組みの全貌を見える化できるので、これからも定期的に確認できるといいですね。授業のプロジェクト演習から地域との共同研究に展開し、他学部の先生も巻き込み、地元の産業界も巻き込み、一緒に地域課題に向き合い、そして実際に地域課題を解決し、地域の人たちにその効果を実感してもらう、地域デザインの実質化をしていく。そうした事例を 1 つでも 2 つでも出していき、成功例を地域と一緒にどんどんつくってほしいと期待しています。

（藤原） 本日ご提示いただいた、文理複眼、地域との共創、双方向の観点を踏まえて、地域デザインの実践に取り組んでいきたいと思います。みなさま本日は、貴重な機会をいただき、ありがとうございました。

Chapter **2**

地域との共創における地域デザインの役割

（教員懇談会）

参加者　藤原紀沙（建築都市デザイン学科）
　　　　　石井大一朗（コミュニティデザイン学科）
　　　　　長田哲平（社会基盤デザイン学科）
　　　　　野原康弘（地域デザインセンター）
司　会　横尾昇剛（建築都市デザイン学科）

1　地域と大学の双方向の関係性を支える人材

（横尾） 池田学長から、これからの大学の地域との取り組みの中心的な考え方として共創というキーワードが提示されました。先生方の地域での取り組みのなかで、どのような考え方で取り組まれていますか。また地域との共創を進める上での課題などもお聞かせください。

（石井） 共創については、これまで行われている課題とかニーズから考え始める社会課題解決のアプローチとは異なり、ゼロからの発想、妄想ともいえるようなアプローチと考えています。まだ見ぬ未来を構想するという言い方かもしれません。またそのプロセスには、いまないものを一緒に創造する（Co-Create）ということも包含されていると思います。

（藤原） 地域と一緒に創造するということでいえば、これからは地域と大学が双方向の関係性で取り組む体制が必要と、池田学長は言われたかと思います。わたし自身も双方向での関係性が重要と考え、地域での活動に取り組んでいます。そのなかで問題となるのは、先方のニーズと大学側ができることのギャップがあることです。そのギャップを明確化し調整するということが必要ですが、それが難しい点であると考えています。地域には多様なステークホルダーがたくさんいるので、双方向の関係性を築くのはまだまだ難しいです。わたしが取り組んでいる名草のプロジェクトでは、自治体の方、地域おこし協力隊の方がコーディネーター的なかたちで入ってくれているので、助かっています。双方向な関係性を仲介する方、コーディネーター的役割を担ってくれる人が、地域側にも大学側にも

いるような体制でプロジェクトを始められるとよいと思います。

（横尾） 大学は、そうしたコーディネーター的な役割を担える人材を育成したり、そうした人たちと伴走したりすることが新たな役割としてありますね。野原さんは地域デザインセンターで活動していますが、共創についてはいかがですか。

（野原） 共創について考えますと、改めて地域デザインは、共創の一端を担う概念ではないかと思います。ただし、これまで地域との連携、協働を謳ってきましたが、共創については検討してこなかったかもしれません。そうした点もふまえつつ、今後は、地域において共創の実践モデルを増やしていくというスタンスが必要になるかと思います。

（長田） 地域と共にある大学として、共創は重要なキーワードです。しかしながら、先ほどの藤原先生のお話のなかにもありましたが、地域には多様なステークホルダーが沢山います。中立的な立場で、双方向のやり取りを繰り返しながら、地域の方々と、地域を創っていく、育てていくのが難しいと常々思っています。

2 共創のための技法の必要性

（横尾） 今回の出版では地域を「読み・解く」技法と題して地域デザインのための技法について扱っていますが、共創についても共創を実践するための技法が必要と思いますが、どうでしょうか。

（石井） 共創を進めるための技法については、宇都宮大学の現状のカリキュラムでは用意されていないと思います。実社会で、そうした地域に向き合い実践している人と一緒に教育していかないと、現状の教員だけで教えていくことは難しいと感じています。

（野原） 共創の技法の一部は、部分的にですが、今回のシリーズ第2巻の「読み・解く」に含まれていると思います。特に対話や見える化などの部分が該当するかと思います。

（石井） 共創の実践のなかでは、対話や見える化は重要と思います。様々なステークホルダー、多様な分野の集まりのなかで色んな異分野があつまるなかで、まだ見ぬ、未来を一緒に見通すためには、そうした技法が必須でしょう。また近年、日本の都市でも試行されつつある、タクティカル・アーバニズムの社会実験などは共創の技法の一端ではないでしょうか。小さな実験を積み重ねて、新たな

ニーズを掘り起こしたり、いままでに思い付かないアイデアを創出する方法論だと思います。

（長田） 実践のなかでは、短期間で見直しながら進めていくのが重要になると思っています。ソフトウェア開発では、アジャイルといって、実装とテストを短期間で繰り返し行うソフトウェアをつくり上げていく方法がとられています。この考え方は地域においても重要で、共創するためには、従来のように長時間かけるのではなく短期的に創り、見直していくことが必要になると思います。

3　地域デザインにおける文理複眼、双方向の取り組みについて

（横尾） 池田学長から提示されたもう一つのキーワード、文理複眼は、共創の実践において重要な観点と思いますが、地域の実践のなかでの取り組みはいかがでしょうか。

（藤原） 文理複眼という観点でいえば、足利市の名草地区でのプロジェクトでは、異なる分野の教員が主導する3つのチームが同時に動いていますが、定期的に報告会を開き、チーム間で情報共有をしながらプロジェクトを進めています。それぞれの分野の観点から地域の特性や課題を読み解いて共有することにより、単独の分野では得られなかった視点や可能性を発見することができていると感じています。そして読み解いて共有した後、どのように活かすかも、単独の取り組みに比べて、多様性がある活かし方につながると感じています。文理複眼の体制は、地域の様々な要望に対して多面的な対応が可能な体制といえます。

（石井） さらにいえば、地域と共に読み解いた後、大学側が勝手に解決方策や提案内容を考えるのではなく、地域と一緒に考えることが重要ですね。

（野原） 名草での取り組みを共創のロールモデルとして、普遍的な部分を他の地域に展開していくことなども考えられますね。各地にそうした地区は数多くあり、地域プロ

名草での情報共有ミーティング

ジェクト演習や地域との共同研究の発展形として、共創モデルを広めることで、魅力ある地域が増えていくような取り組みを後押ししたいと考えています。

（石井）そうした取り組みを広めるためにも、今回本書で取り上げた地域デザインの技法に加えて、共創を進めるための技法が必要になりますね。地域デザイン科学部のカリキュラムにおいても、今後強化していくことが望まれます。

4　地域を舞台に展開しつつある学生の能動的な学び

（横尾）地域活動のなかで、学生たちの能動的な学びについて、何か気付く点はありますか。

（藤原）地域づくりの実践のなかで学生の満足感は高いように思います。特に地域の人たちとの対話のなかで、地域の人たちが期待感をもって接してくれる機会が多く、そうした地域からの期待を直に感じることによって、学生も満足感を感じていると思います。ただし、まだまだ能動的な学びとはなっていないことが多いのも現状です。地域との共同研究の一環のなかでの活動となると、事前に活動の枠組みが決まってしまい、そうした点で学生の主体性が後退することもあります。学生と共に活動する上で、活動の枠組みの設定をどのようなバランスで図るか難しく、試行錯誤しています。

（野原）地域プロジェクト演習の場合、グループによって多少の差はありますが、履修経験のある4年生や大学院生、卒業生からは、満足度が高いという意見を聞いています。社会に近い立場になると、演習の意義に気付いてくれるのかなと感じています。

　能動的な学びを引き出すためには、適切な問いかけが重要だと考えています。教員側、地域側には、自身が共同教育者、共同学習者、Co-Educator、Co-Learnerであることを認識していただき、効果的な問いかけ、促しをお願いしたいと思っています。地域プロジェクト演習においても、より明示的に能動的な学びの機会を提供していきたいと思います。

　学生団体の地域活動も活発化しています。地域活動を進める学生団体をつなぐ学生交流会 ENMUSUBI をきっかけに、これまで別々に活動していた学生団体、個人が学部学科の垣根を超えて、連携するかたちで、地域の現場とつながり、育ちつつあります。そして、そのなかでアクターが育ち、アクター同士が議論する

ようなかたちになりつつあります。ENMUSUBI の活動も地域プロジェクト演習がきっかけとなっています。

（長田） 地域で活動することで、研究者の側も、地域の多様な人々によって成長させてもらっていると思っています。研究の一環で街中に人流センサーを置いているのですが、それを調整したりしていると、街行く人から突然声を掛けられたりします。そうしたときに、わかりやすく説明することを学んだり、またその人から街の歴史を学んだりと、成長させてもらっています。また、賛成反対があるような事業について調査をしていると、反対派の人と議論することもあり、そうした機会のなかでも成長していると思います。

5　まちづくり、地域づくりのプレイヤーの育成

（石井） まちづくり、地域づくりのプレイヤーは、大学生だけではなく、地域に根差した高校生たちにも、大きな役割が期待されていると思います。高大接続の取り組みとして、まちづくりプロジェクトなどを通して、人材育成を進めたいと思います。また高校生だけでなく、地域で活躍する女性も増えつつあります。こうした人たちをまちづくりのプレイヤー、コーディネーターとして育成することも地域の活性化につながると思います。外部のコンサルタントは、プロジェクト終了後には地域からいなくなってしまいます。内部の人、地域にいる人がプレイヤー、コーディネーターとなり、地域の人々をエンパワーメントする。そして地域が変容していく。そうした役割を担う人材が地域のなかに必要です。

（横尾） 本日は、ありがとうございます。先生方から出た意見は、共創を進めていくために必要なリテラシーですね。地域デザイン科学部の教育研究活動においても、共創や文理複眼を意識した取り組みが展開し、社会実装等の事例が増えていくことを期待したいと思います。

地域づくりへのまなざし

1　地域の構成

　地域は人が生活する地表の一部である。学術的な定義を引用すれば、「地域とは、地表面においてある場所的関係性にもとづいて他から区別して認識される一定の広がりをもった空間をさす」（木内 1968）[1]となる。言うまでもないが、人が地域で生活していくとは、そこで他者と様々な社会的な関係を結び生きていくことにほかならない。将来に思いをはせながら、働き、学び、憩う日々の暮らしがそこにある。この社会的関係、地縁的関係で結ばれたある空間的な範囲が地域である。ここでは行政体である市町村に収まる程度の広がりをとりあえず想定しておこう。

　地域を構成するものは多種多様である。地象・気象・水象など自然的要素、歴史・文化・産業経済・社会などの人文社会的要素などである。自然的要素は人が地上に現れる以前から存在するが、人の生活が始まって以来少しずつ人により改変され大きな影響を受けてきた。他方、人の生活の営みは地域における人文社会的要素を育み、自然的要素と密接不可分の固有な関係を築き上げている。地域を構成する諸要素は相互に密接につながり「複雑系」を構成しているともいえる。ひとつの地域は他から区別される唯一無二の存在である。

　地域の様子をより具体的に想起してみよう。地域は様々である。都市には人が多く集まり多くの産業が立地する。人や物の動きを支える交通も集中する。一方、農村では田畑が広がり農業が行われているが、工場や倉庫が進出していることも多い。第二次世界大戦の前からの古い街、戦後に都市化して住宅団地が形成された新しい街、そして、過疎化や高齢化が進む農村や山村などもある。しかし、どのような地域であれ、そこには人の生活の営みがあり、その営みを支える経済的関係、地縁的な社会関係の網の目がくまなく張りめぐらされている。

いま、都市化、あるいは過疎化や高齢化と述べたが、地域は時間とともに少しずつ変化している。産業には衰退・停滞する分野もあれば新しく興隆する分野がある。それに付随して人や世帯の数が増えたり減ったり、土地利用が変化していく。住宅団地ができて多くの人が移り住めば地域に学校、病院などが必要になり、新たに自治会を組織することになる。逆に人口が減ってくれば空き家や空き店舗が増える。学校の統廃合が議論される。田畑の耕作放棄が目立つようになる。こうした地域の動きは局所的なものもあるが、他の地域と共通することが多い。その背景には広域的、あるいは国レベルの政策変化、さらには世界経済の情勢、産業や経済の変化を促す技術の進展などがある。

2　地域づくりとその可視化──物理・化学を援用して

　地域は刻々と変わる。自ずとそこに様々な問題が生まれる。人の生活を支える既成の産業的関係、地縁的な社会関係、そして行政体の諸制度などが地域の状況とズレを生じ、土地利用や交通が効率性を損なうようになる。生活の不便さが増し暮らしの不満が高まっていく。ここに地域づくりが求められる素地ができる。地域づくりとは、自然的要素や人文社会的要素から構成される地域において、人が生活する上でのより良いあり方を追求し改善していく活動である。

　こう述べても抽象的で理解しづらいかもしれない。そこで地域づくりの可視化を試みよう。アナロジー（類推）という認識方法に基づいて、やや突飛ではあるが物理や化学の知識を援用してみたい。

　まず、ニュートン力学（古典力学）で地域づくりを表現することを試みよう。地域には多くの人が生活する。人々の日常的な営みの集合は大きな動きであるといえる。変化させるには大きな力が必要である。そこには物体の等速運動のごとく慣性が働いているからだ。人々の生活エネルギーが生み出す力、これをベクトルで表現するとしよう。人々の生活の営みというベクトルにあらがって反対方向に働きかけるのは大きな抵抗を伴うだろう。

　地域づくりでいえば、人々の生活やその考え方に反する働きかけは大きな軋轢となり、混乱を生じやすい。もちろん、地域の慣性に反する働きかけも時と場合により必要になる。例えば、洪水・浸水などで人々の生命や財産が失われる危険性が高いとなれば、生活の拠点である家屋を移転させるという判断も成り立ち得

るからである。生活のベクトルの方向をつかむには、地域での聞き取りやアンケートなどの調査が必要になる。人々が変えてはいけないと大切に考えていることは何か、変えるべきと考えていることは何か、また地域への思いの強さや大きさはどの程度であるかを捉えるのである。

　これをふまえて、ベクトルの方向に沿いつつ新たな方向を加えた働きかけであれば、地域の慣性に変化を加えていくことが容易になるだろう。地域づくりの方向性を探る、ビジョンを創り出すということの重要性は、力学におけるベクトル解析のアナロジーとして認識できるのである。

　次いで、コロイド微粒子のブラウン運動あるいは分子の運動という化学分野の知識で地域づくりを解釈しよう。人を微粒子や分子に例えるのはやや気が引けるがお許しいただきたい。微粒子や分子で構成される気体や液体などの流体が、したがって変化する地域ということになる。流体中の微粒子や分子は色々な方向に動き回り、それは温度が高まればより活発になる。実社会では活発な活動が行われれば活性化していると表現する。ここで微粒子あるいは分子の一定割合が同じ方向に運動する状況を想定してみる。実社会では1割にあたる人が同じ考え方をもち行動を開始すれば地域は変わり始めるといわれる。化学の分野では何らか触媒を用いたり、電流や磁気を作用させたりして微粒子や分子の動きをコントロールすることができるが、これは実社会でいえば、有能なリーダーは触媒、条例制定やキャンペーンの実施が電流や磁気に例えられるかもしれない。

　こうして地域において一部の人の考え方や行動が変容すれば、それはやがて大きなうねりとなって地域社会を変えていく力となり得る。ただし、例えば第二次世界大戦前の日本のように、ある一部の有力者や政治家の一存で地域が動くというような権威主義的な社会では、個人の自由が制約を受け強制された行動となる。人々の考え方や行動の変容は、あくまでも個人レベルの自由な思考と判断に基づいて行われることが望ましい。

3　地域づくりの主体

　地域づくりの概念や考え方について可視化してみたが、それでは地域づくりを行っていく主体についてはどのように考えればよいだろうか。ここで「私」「共」「公」という言葉をもちだそう。個人を起点として社会を3つの領域に分け

るのである。地域づくりは行政に任せればよい、地域のビジョンをつくることは地域づくりの専門家が適任だ、と他人任せにしてはいけないという考え方である。行政、専門家も地域づくりの一翼を担うが、大切なのはその地域に住む人、住民が担い手に加わることである。

　地震や風水害に対する防災・減災の地域づくりのケースで考えてみよう。「私」は、個人や家族で備えることである。どのような状況ではどこに避難するかなど日頃からいざというときの対応を家族で話し合う、飲料水や食料備蓄を行うなどである。「共」とは、地域コミュニティ、つまり先述した地域において人々がつくり出す社会関係の一定のまとまりを指すが、コミュニティが身近に生活する要避難援助者をリストアップし事前に支援体制を整える、共同で防災備蓄品をストックするなどである。そして「公」とは河川堤防を強化し、人員、資材・機材など緊急支援体制の広域的ネットワークを構築するなどである。これら各領域の主体の緊密な連携があってはじめて、有効な防災・減災の備えが社会に構築できる。

　ところで、わが国では少子高齢化の進展により、ほとんどの地域において今後人口が減少していくことが確実視されている。従来、地域のマネジメント機能を担ってきた人々が減っていくこと、後継者が細って地域コミュニティが弱体化していくことが危惧されている。こうした将来動向をふまえるならば、なおのこと地域の主体性を強めていくことが求められている。過去の大きな災害とその復興について振り返ってみても、大都市の災害であった阪神淡路大震災、農村、特に中山間地域農村が被災地となった中越地震、そして、沿岸が巨大な津波に見舞われた東日本大震災などにおいて、被災地域の復興に大きく与ったのはしっかりとした地域コミュニティであったことは記憶されなければならないだろう。話が災害に偏したかもしれないが、地域コミュニティの強固な社会関係は災害に限らず、地域での人々の生き生きとした活動、生活の質を向上させる大きな要因のひとつであることは疑い得ない。

　このように、私、共、公が相補い合って地域づくりが行われるが、それでは最終的に地域に責任をとるべき主体は誰なのかという問いを立ててみよう。もちろん答えは地域に生活する人々、地域の主人公たる住民ならびに地域コミュニティであるだろう。特殊な場合を除き、どのような地域を実現すべきかについては、

住民、地域コミュニティの自由な議論により方向付けられるべきである。こうした「共」における決定が、「公」と対峙する図式、つまり行政の地域づくりにおける住民参加・住民参画へと展開する。

<h2>4 地域づくりの学び</h2>

　行政への住民参加には住民自身の学習が欠かせない。そもそも地域づくりは学習と切っても切れない関係にある。地域を多方面から正しく認識することは地域づくりの基礎だからである。

　かつて1970年代にわが国が急激な都市化のもとで地域の不安定化が懸念された際、国（自治省）はいわゆるコミュニティ施策で対応を図ったことがある。この施策に基づき先進的な自治体では、地域コミュニティの参加を意図して「コミュニティ・カルテ」という手法を生み出した。これは医師が患者の病歴や処方を記録したカルテに基づいて診察する医療行為を、地域コミュニティに当てはめて考えるものである。具体的には、地域に関する情報・データを収集して地域を診断し問題を洗い出して対策のあり方を探るのである。行政統計のみならず住民へのアンケート調査結果なども含む。この方法はその後、地域コミュニティ自身が行うものへと発展していった。先述した地域づくりの可視化について想起するならば、地域生活のあるべきベクトル方向をコミュニティで学習し、議論してゆくものである。

　地域コミュニティにおける地域づくりに限らず、自治体レベルの地域づくり（地域活性化）での議論では3つの学び方、すなわち「自然に学ぶ」「歴史に学ぶ」「他所に学ぶ」があるといわれる。これを説明しよう。

　まず「自然に学ぶ」とは、先述した地域の構成要素である自然的要素に関する学びである。身の回りの生活環境では、日本海側と太平洋側では気候が大きく異なり、住宅や屋敷の構え方は自ずと地域独自の様相を見せる。地域の景観を整える街路樹の選定ではその地の気候に合った植生が考慮されなければならない。洪水・浸水が起こりやすい所、崖崩れの危険がある所などは住宅地には不適である。このように自然的要素は常に考慮されなければならない。

　「歴史に学ぶ」とは、人文社会的な要素である地域の歴史から学ぶことを示す。具体的には、県・市町史誌、郷土史誌などは地域の過去の営みを伝えており、先

人たちの地域づくりの足跡をたどることができる。歴史とまではいかないが、ギョウザのまち宇都宮の例を引こう。1990年代前半、平成の初め頃にさかのぼる話である。市役所のプロジェクトチームでまちづくりの手がかりを得ようと検討が始まり、統計類を渉猟していて家計調査年報[2]に思わぬデータを発見した。宇都宮市のギョウザ消費額が日本一だという。これを手がかりに、宇都宮のギョウザの歴史が調べられた。第二次世界大戦前、宇都宮には陸軍第14師団の司令部が置かれ、戦時中にこの師団が満州（中国東北部）に進駐した。戦後、宇都宮に復員した元軍人のなかに現地の日常食で合ったギョウザを提供する飲食店を営むものが現れ、これが市内にギョウザ店が多くある由来であることがわかった。冬に強く冷え込む宇都宮の気候に合った食べ物だとも、市民のソウルフードだともいわれた。さっそく、宇都宮をギョウザのまちとして売り出す算段が、民間への働きかけを含めて検討されたのである。今日、宇都宮といえばギョウザのまちといわれるようになったのは、ここ四半世紀のまちづくりの成果なのである。歴史は地域を考える上で情報の宝庫である。

　最後の「他所に学ぶ」に移ろう。これは先進地視察などとして一般的な方法である。地域づくりの方向が見えてきたとき、同じ方向で地域づくりが先行し成果を挙げている地域を調べそこに学ぶのである。背景あるいは契機、考え方や方法、生じた課題とその克服、残された課題などについて、視察と現地での聞き取り、資料収集などを通して明らかにするのである。しかし、先述したように地域は複雑系であるから、成功した地域と同じ考え方や方法、プロセスを導入しても成果を挙げることはおぼつかないであろう。繰り返しになるが、地域は人間を含め多くの要素が密接に絡んだ唯一無二の存在なので、ある同じ働きかけは地域により異なる影響を及ぼし、別の結果を生んでいく蓋然性が高いのである。このため先行事例それぞれの地域づくりの本質あるいは勘どころを押さえないといけない。

5　地域づくりの進め方

　このように、地域づくりに学習は欠かせないプロセスであり、その学びの方法は例示したような多様なアプローチが考えられる。とはいえ、地域づくりの進め方には定まった方法があるわけではない。地域づくりのテーマに即して、その地

域における過去の取り組みや現在地域をとりまく様々な状況を十分に把握することが手始めに必要なこととなる。テーマそのものを探ることから始めなければならない場合もあろう。その場合は、行政や地域の関係者にじっくり話を聞くことが有効になるだろう。

　市街地の川の環境再生をテーマにした地域づくりの2つの事例を紹介しよう。まずはたったひとりで始めた例である。福岡県柳川市は市街地に堀がめぐらされた水郷で現在は観光地として名高いが、かつて高度経済成長期には市民の関心が低く堀にごみが捨てられるなど見る影もなかった。見かねたひとりの市役所職員がごみを拾う活動を始めたが、長い間孤独な作業を続けねばならなかった。しかし次第に活動が認知されるようになった。活動の輪は市役所のみならず市民や企業に広がり、美しい水辺景観が形成されて観光船が運航されるまでになったのである

　もう一つはNPO法人の取り組みである。静岡県三島市の市街地を流れる源兵衛川は富士山の豊富な地下水を水源とし、現在は水の都三島のシンボルスポットとなっているが、これもかつては柳川と同じくごみが捨てられ市民に背を向けられていた。加えて、企業の地下水取水が水量を激減させ、汚染に拍車がかかった。そこで登場するのがグラウンドワーク三島である。商工会議所などの経済団体・企業、自然保護団体や文化団体などの市民団体、そして大学など多方面のメンバーから構成されたNPO法人で、三島市と連携しつつ、環境保全や近年では産業振興にも貢献している。この団体が農業用水でもある源兵衛川にかかわる農業団体、土地改良区、企業などの間の利害を調整しながら環境整備事業を導入して市民や観光客の憩いの場として再生させたのである。

　いずれにせよ、上述の事例にみるように、地域づくりはひとりで学び取り組むよりはチームあるいはグループなど複数で学び取り組む方が、あるいは行政だけで検討するよりは住民も交えて、さらには大学や高校など地域における学びの機関などと連携して検討を進める方が実りがずっと多くなるに違いない。地域づくりにかかわる多くの主体が相互に刺激し合いコミュニケーションを通じて地域の情報を共有し、地域の問題発掘や課題抽出を通じてビジョンを構築していく創造的なプロセスが期待できるからである。

　この地域づくりのプロセスにおいて、ワークショップと呼ばれる手法が有効で

あることは、これまでの多くの地域づくりの現場で実証されてきた。ワークショップなど、参加メンバーがそれぞれ情報を持ち寄り自由な議論を通じて共通の認識を形成していくプロセスは、地域づくりにおける方向性（地域ビジョン）の認識共有や合意形成のみならず、主体形成の点でも地域づくりとの親和性が強く、広く用いられている手法である。ワークショップを扱った書籍は多く出版されているので、それらを参照しつつ進めることが望ましい。

　ワークショップの場における創造性の源泉は参加者がもつ経験や学習をふまえた知識であり、それのみならず、参加者の間のコミュニケーションに基づく相互作用にある。「学習」、「参加」、「連携」が地域づくりを進めていく上での欠かせないキーワードである。

注

1) 木内信蔵（1968）『地域概論——その理論と応用』東京大学出版会
2) 家計調査とは、毎月、全国の約 9000 世帯を対象に実施されるもので、層化 3 段抽出法（第 1 段—市町村、第 2 段—単位区、第 3 段—世帯）に基づく標本調査である。支出品目ごとの 1 か月支出金額の年平均値は毎年、家計調査年報として公表される。

（三橋　伸夫）

巻 末 言
〜共に学び、共に創る　さあ始めよう〜

　地域の課題を理解し、各地域の資源と特性を活かしたまちづくりの担い手の育成に不可欠な基礎的素養を提示するために、地域デザイン科学シリーズ第2巻が発行された。第1巻は、地域デザイン科学部の各教員の専門に基づく教育研究成果を視点として思考や知識を整理しており、第2巻はこれからの地域デザインに必要な調査スキルを解説している。多分野に共通する調査技法の基礎から、現場の歩き方、分野ごとの応用技法、そして調査結果を地域へ還元する意味・方法・効果までを扱っている。第1・2巻を合わせると地域デザインのための実践的な図書となる。本書を先に読まれた方にはぜひ第1巻もお読みいただければありがたい。

　第1巻発行時の2020年3月から現在までのコロナ禍で、世界の社会環境は劇的に変化した。2021年12月現在、第5波のコロナ禍は国内で急速に収束しているが、この間、日本のデジタル化の遅れが顕在化し、国内外の社会や産業、生活は大きな影響を受けた。多くの人々は都市に住み、企業や役所、組織、学校などに毎日通っていたが、リモートの活用で在宅時間が増えるようになり、生活様式を変えることになった。主体的に住処を選択し、リモートで仕事をすれば、自然豊かな地方で開放的に暮らせることに私たちは気付かされた。したがって、地方や地域、コミュニティの在り方が改めて問われるようになり、それらの活性化への期待が増している。

　しかしながら、地方も長年にわたり、疲弊してきた。高齢化は進み、子どもは減り、若年層は都会に出て行った。農家はもとより、地方の中小企業も後継者や労働者の不足に悩んでいる。ただし、地方の山河や歴史遺産は有志によって守られており、様々な地方の特産物の生産は代々引き継がれている。これらの資源を活かして、コロナ後の新時代に向けて地域をどのように創っていくかが問われている。時代と共に地域の課題は変わるので、それを解決するための新たな地域デザインが求められているのである

　宇都宮大学は、地域の知の拠点として教育・研究・社会貢献のために活動してきた。地域のデザインはまちづくりにつながる。まちづくりは、様々な関係者に

よる社会共創であり、大学の役割である教育・研究・社会貢献の相互作用が共創を加速する。学内組織の地域創生推進機構や地域デザインセンターは、地域との共創機能を強化するために日々活動をしている。

　今後、本書をどのように活用するかが問われる。地域と大学が社会共創を進め、イノベーションを起こし、新たな社会的価値を生み出すことが期待されている。ぜひ、本書はまちづくりに関心のある人に使っていただきたい。地域は、まちづくりにかかわる人々が共に学びながら、共に創っていくものである。加速する時代の変化に大学が対応するには、学外のご意見が欠かせない。クリティカルな意見や質問、要望を、直接あるいはインターネットやSNSで、地域デザイン科学部や地域デザインセンターにお寄せいただきたい。ホームページの案内を下記に掲載している。本書が多くの人々に読まれ、社会共創につながる機会となることを願う。

宇都宮大学地域創生推進機構・副機構長、地域デザインセンター長

山岡　暁

【ホームページのご案内】

宇都宮大学地域デザイン科学部
http://rd.utsunomiya-u.ac.jp/

宇都宮大学地域デザインセンター
https://crd.utsunomiya-u.ac.jp/

索　引

執筆者紹介

・50音順。＊は編集委員。
・専門分野および執筆箇所。ローマ数字のないものは PART Ⅲ の下位項目を示す。
　　（例：1-A-2 → Part Ⅲ-Chapter1-A-2）
・所属の記載のない場合は、宇都宮大学所属。

＊荒木　笙子　　土地利用計画、緑地環境管理、復興まちづくり
　　　　　　　　（1-A-2、2-A-1、3-A-3）

　飯村　耕介　　海岸工学、河川工学（3-B-1）

　池田　　宰　　生物有機化学、超分子化学、生物工学、環境微生物学（Ⅳ）

＊石井大一朗　　コミュニティ政策、市民参加論（Ⅱ-Chapter4、3-A-4、Ⅳ）

　糸井川高穂　　建築環境・設備、環境心理生理（Ⅱ-Chapter5、1-B-6）

　海野　寿康　　地盤、土砂災害（3-B-5）

　遠藤　康一　　建築意匠，建築設計（1-B-4、1-C-1、1-C-2）

＊大嶽　陽徳　　建築意匠、建築設計
　　　　　　　　（Ⅰ-Chapter1・2・3・4、Ⅱ-Chapter4、2-B-5、2-B-6）

　大森　宣暁　　都市計画、交通計画（1-B-1）

　大森　玲子　　食生活学、食教育（1-A-3）

＊長田　哲平　　都市計画、交通計画
　　　　　　　　（1-B-5、1-C-4、2-A-3、3-A-24、Ⅱ-Chapter5 コラム、Ⅳ）

　葛原　　希　　農村計画、都市計画（Ⅰ-コラム）

　古賀　誉章　　建築計画学、環境心理学（Ⅱ-Chapter3、1-B-2）

　近藤　伸也　　防災マネジメント、防災教育（1-A-1）

　阪田　和哉　　プロジェクト評価、公共マネジメント（Ⅱ-Chapter5）

　坂本　文子　　多文化共生論、サービス・ラーニング（Ⅰ-Chapter1・2・3・4）

　佐藤　栄治　　都市解析、建築計画（3-A-1）

　白石　智子　　臨床心理学、パーソナリティ心理学（1-A-4）

　鈴木　富之　　観光地理学，人文地理学（2-B-2、2-B-3、2-B-4）

　清木　隆文　　岩盤工学、地下空間設計学（3-B-7）

　髙橋　俊守　　地域生態学、空間情報科学（2-B-1）

　中川　　敦　　会話分析、高齢社会学（1-A-5）

　中野　達也　　建築構造、耐震工学（3-B-2）

　中村　祐司　　地方自治、行政学（2-A-4）

　野原　康弘　　都市計画、地域福祉（Ⅰ-Chapter1・2・3・4、2-A-2、Ⅳ）

　原田　　淳　　農業経営学、農業組織論（Ⅱ-Chapter2）

地域デザイン科学シリーズ　2

地域デザイン技法

地域を「読み・解く」55 のアプローチ

2022 年 3 月 31 日　初版第 1 刷発行

	地域デザイン科学研究会
	横尾　昇剛
	荒木　笙子
	石井大一朗
編　者	大嶽　陽徳
	長田　哲平
	王　　玲玲
発行者	木村　慎也

定価はカバーに表示　　印刷・製本　モリモト印刷株式会社

発行所　株式会社　**北 樹 出 版**

〒 153-0061　東京都目黒区中目黒 1-2-6
URL：http://www.hokuju.jp
電話(03)3715-1525(代表)　FAX(03)5720-1488